江苏省社会科学基金项目"江苏动漫产业版权价值共创激励机制研究"（18GLD006）
中央高校基本科研业务费专项资金江苏省版权研究中心专项课题"江苏省版权战略研究"（30918014114）支持
知识产权与区域发展协同创新中心、江苏省版权研究中心资助出版

价值共创下动漫产业知识产权激励机制研究

张颖露 ◎ 著

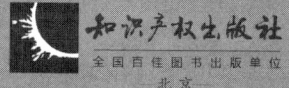

知识产权出版社
全国百佳图书出版单位
北京

图书在版编目（CIP）数据

价值共创下动漫产业知识产权激励机制研究 / 张颖露著. —北京：知识产权出版社，2019.12

ISBN 978-7-5130-6624-2

Ⅰ.①价… Ⅱ.①张… Ⅲ.①动画片—文化产业—知识产权—激励制度—中国 Ⅳ.①D923.404

中国版本图书馆 CIP 数据核字（2019）第 269011 号

责任编辑：刘 睿 邓 莹　　　　责任校对：潘凤越
文字编辑：邓　莹　　　　　　　责任印制：刘译文

价值共创下动漫产业知识产权激励机制研究
张颖露　著

出版发行：知识产权出版社 有限责任公司	网　　址：http：//www.ipph.cn
社　　址：北京市海淀区气象路 50 号院	邮　　编：100081
责编电话：010-82000860 转 8346	责编邮箱：dengying@cnipr.com
发行电话：010-82000860 转 8101/8102	传　　真：010-82005070/82000893
印　　刷：保定市中画美凯印刷有限公司	经　　销：各大网上书店、新华书店及相关专业书店
开　　本：720mm×960mm　1/16	印　　张：14
版　　次：2019 年 12 月第 1 版	印　　次：2019 年 12 月第 1 次印刷
字　　数：200 千字	定　　价：58.00 元
ISBN 978-7-5130-6624-2	

出版权专有　侵权必究

如有印装质量问题，本社负责调换。

前　言

随着信息技术的发展和休闲娱乐观念的改变，各主要发达国家动漫产业发展正逐渐由生产型主导向消费型主导过渡，创意、市场和社会需求的连接成为影响动漫产业发展的主要因素。在我国现阶段，市场体系尚待完善，单纯凭借市场调节不能满足动漫产业发展需求的情势下，以政策的"有形之手"合理保护、扶持、引导动漫产业自主创新、动漫商品化与市场化具有不可替代的作用，而对动漫产业政策的立制、效能评价及持续完善是实现这种作用的必需前提。

动漫产业知识产权激励机制是我国动漫产业机制建设中存在较大优化空间的领域。主要体现在：市场运作上，产业整体发展战略不明确，企业知识产权激励策略不成熟，产品与市场连接度较低；政策激励上，现行动漫产业激励机制的科学性、系统性、连续性明显滞后，已难以适应现代动漫产业发展需求；知识产权开发上，以技术引进及合作研发为主，自主创新不强，高端人才缺乏，知识产权管理能力较弱；学界的研究上，国内对动漫知识产权激励的研究主要从政府政策或创作、经营视角出发，尚无针对如何调动消费者价值创造性的激励机制研究。鉴于此，动漫产业如何构建高效的创新激励机制，如何步入"高质量原创"的发展模式，如何从"政策红利"向"政策理性"直至"市场理性"发展，都是值得我们深思的课题。

价值共创下动漫产业知识产权激励机制的构建，将传统的价值创造仅有动漫创作者和生产者的作用扩展到动漫消费者参与的价值共同创造，将传统的激励机制仅有版权开发领域的激励扩展到技术创新领域的激励,是实现"高质量原创"发展模式和"政策理性"制度安排思路下我国动漫产业促进性政策创新的新路径。基于此,本书的研究体现了以下特色和贡献。

探索性构建了一个激励机制。有别于传统激励思路,在积极引导消费者参与价值共创的视阈下,对动漫产业知识产权激励机制的构成要素、各价值创造主体的激励影响因素与控制因素、运行模式进行深入研究。在理论阐述中厘清各要素的相互关联及其作用机理,在实证分析中考察该激励机制的实施绩效。

实施了两种研究路径。一是理论路径,在价值共创理论视阈下,完成涉及动漫产业知识产权激励机制的基本原理、构成要素、影响因素、运行模式、机制构建的理论体系的探讨。二是实证路径,通过消费者需求问卷调查对动漫消费者价值共创影响因素进行考察;通过专利分析对我国动漫技术创新现状进行考察,并对日美动漫企业3D技术研发趋势、市场与政策绩效进行比较分析;通过政策措施的量化分析对我国现行动漫产业激励政策进行检视。

重点关注了三个领域。一是价值共创下的动漫消费者激励领域,论述激励动漫消费者参与价值共创的目标、主要方式,并通过实证调查对具体激励影响因素进行分析。二是动漫技术创新激励领域,动漫产业每次跨越式发展都与技术进步密切关联,本书以技术创新为视角,论述专利制度对动漫创新的激励作用,并通过专利分析对价值共创下动漫产业知识产权激励机制进行实证研究。三是激励机制的构建领域,本书围绕"激励机制构建",阐释其构成要素、影响因素和运行模式,通过我国现行动漫产业激励政策的实证分析,揭示现行制度以单一主体激励为主导模式的突出问题,并据此从激励制度、激励方法和基础支撑机制三个方面提出优化我国动漫产业知识产权激励机制的预期格局。

基于上述思路,本书分为八个章节展开具体论述。

第一章:绪论。主要介绍本书的选题背景、选题意义、相关主题的国内外研究现状、研究目标、主要内容、特色与创新之处、研究方法及研究思路。

第二章：基本理论。梳理和解析价值共创理论、基于工具主义的知识产权理论和基于知识创新的激励理论，以及上述理论在本书中的适用路径和正当性，为后续工作提供理论支持，奠定理论基础。

第三章：价值共创下动漫产业知识产权激励机制构成要素。首先，从理想上的激励对象和实际上的激励"作用点"两个方面对价值共创下动漫产业知识产权激励对象进行分析。其次，通过对激励强度与激励目标的协同，实现激励目标的根本途径，以及对宏观和微观目标两个维度的研究，探讨价值共创下动漫产业知识产权激励目标。再次，从基于动漫技术研发的专利制度和基于动漫版权开发的版权制度两个方面，对价值共创下动漫产业知识产权激励制度进行分析。最后，从物质激励和精神激励两个方面对价值共创下动漫产业知识产权激励方法进行分析。

第四章：价值共创下动漫产业知识产权激励机制影响因素。从动漫产业知识产权价值分配与利益均衡角度出发，分别对动漫创作者、生产者和消费者参与价值共创活动的影响因素进行分析，并总结对最终激励效果产生影响的激励控制因素。

第五章：价值共创下动漫产业知识产权激励机制运行模式。首先，对价值共创下动漫产业知识产权激励机制运行的基本理论进行梳理。其次，分析激励主体与激励客体及其关系。再次，分析激励层级及其交互作用机理。最后，从运行复杂性、运行机理、运行方式和运行保障机制等方面对价值共创下动漫产业知识产权激励机制运行模式的整体框架进行研究。

第六章：价值共创下动漫产业知识产权激励机制实证研究——基于技术创新视角。运用专利分析的方法，通过检索、统计、挖掘与分析实证考察我国动漫产业技术创新现状、特征与缺陷。在此基础上，对日美价值共创下动漫产业知识产权激励机制的特点进行分析，并结合对日美主要动漫企业 3D 技术专利申请趋势、研发方向和在华专利布局情况变动的分析，研究日美动漫产业 3D 技术创新及其激励机制影响，为我国提供有益启示。

第七章：价值共创下我国动漫产业知识产权激励机制构建。首先对我国动漫产业政策激励实践现状进行考察，其次通过类型化分析指出我国动漫产业知识产权激励机制存在的问题。最后针对这些问题，从激励制度、方法、基础支撑三个方面入手，提出我国动漫产业价值共创下的知识产权激励机制构建的对策和建议。

第八章：结论和展望。总结全书主要内容，对下一步的工作提出展望。

目　录

第一章　绪　论 ... 1
第一节　选题背景与意义 ... 2
第二节　国内外研究现状 ... 7
第三节　研究目标、内容与创新点 ... 18
第四节　研究方法与思路 ... 23

第二章　基本理论 ... 25
第一节　价值共创理论 ... 25
第二节　基于工具主义的知识产权理论 ... 38
第三节　基于知识创新的激励理论 ... 44
第四节　上述理论在本研究中的适用路径 ... 53
第五节　本章小结 ... 58

第三章　价值共创下动漫产业知识产权激励机制构成要素 ... 59
第一节　价值共创下动漫产业知识产权激励对象 ... 59
第二节　价值共创下动漫产业知识产权激励目标 ... 63
第三节　价值共创下动漫产业知识产权激励制度 ... 69
第四节　价值共创下动漫产业知识产权激励方法 ... 78
第五节　本章小结 ... 83

第四章　价值共创下动漫产业知识产权激励机制影响因素 ... 84
第一节　动漫产业知识产权价值分配与利益均衡 ... 85
第二节　动漫产业知识产权价值分配中对创作者激励的影响因素 ... 92

第三节 动漫产业知识产权价值分配中对生产者激励的影响
因素 …………………………………………………… 101

第四节 动漫产业知识产权价值分配中对消费者激励的影响
因素 …………………………………………………… 107

第五节 动漫产业知识产权价值分配中的激励控制因素 …… 119

第六节 本章小结 …………………………………………… 123

第五章 价值共创下动漫产业知识产权激励机制运行模式 … 124

第一节 价值共创下动漫产业知识产权激励机制运行的基本
理论 …………………………………………………… 124

第二节 激励主体与激励客体及其关系 …………………… 129

第三节 激励层级及其交互作用机理 ……………………… 134

第四节 价值共创下动漫产业知识产权激励机制运行模式的
整体框架 ……………………………………………… 136

第五节 本章小结 …………………………………………… 142

第六章 价值共创下动漫产业知识产权激励机制实证研究——
基于技术创新视角 ……………………………………… 144

第一节 影响我国动漫产业技术创新的主要激励制度与方法 … 144

第二节 专利信息分析方法与研究路径 …………………… 150

第三节 我国动漫产业技术创新现状与发展情况分析 …… 153

第四节 价值共创下日美动漫产业技术创新激励机制的特点 … 160

第五节 价值共创下日美动漫产业技术创新激励机制效果分析——
以动漫 3D 技术专利分析为例 ……………………… 164

第六节 本章小结 …………………………………………… 175

第七章 价值共创下我国动漫产业知识产权激励机制构建 … 176

第一节 我国动漫产业政策激励实践现状及类型化分析 … 176

第二节 我国动漫产业知识产权激励机制的制度构建 …… 181

第三节 我国动漫产业知识产权激励机制的方法构建 …… 185

第四节　我国动漫产业知识产权激励机制的基础支撑构建……… 189
　　第五节　本章小结 ……………………………………………… 190
第八章　结论和展望 ……………………………………………… 192
　　第一节　本书的研究结论 ……………………………………… 192
　　第二节　对未来研究的展望 …………………………………… 195
参考文献 …………………………………………………………… 197
附　录 ……………………………………………………………… 210
后　记 ……………………………………………………………… 212

第一章 绪 论

全球化进程加剧使世界形势发生巨大变化,其中知识产权也显现出新的特点,并正以难以想象的速度重塑我们的世界,❶ 世界各国激励政策的中心都指向了创造和构建能够促进知识产权创新的国家文化与创新体系,这对我国转变经济增长方式、促进文化产业大发展大繁荣,既是机遇,也是挑战。目前,我国动漫市场主要由外国动漫产品占据主导地位,动漫产业自主创新能力薄弱,发展阻力较强,压力较大。实践表明,现阶段我国动漫产业政策虽然扶植起了一批具有生产规模的动漫企业,但在培育科学技术创新、原创版权开发上收效甚微,甚至由于动漫企业单纯追求"政策红利"而在某种程度上对自主创新能力提高有一定负面影响。这种局面的形成,既是我国动漫产业在世界动漫市场格局后发追赶中的必然,也包含有动漫产业发展激励机制制定者的主观因素。从"总体性生产匮乏"到"低水平生产过剩",从"倚赖政策红利求发展"到"激励自主创造促发展",我国动漫产业的发展处在一个关键的"拐点"和"岔道"上,创新激励体系和运行机制的弊端日益显现,成为影响动漫产业发展的重要掣肘。然而,学界对我国动漫产业知识产权激励机制与时俱进的研究分析较少,主要表现在:其一,接受并满足于前人对该问题的判断与分类。在现有的国内关于文化产业或动漫产业激励机制研究中,多半参考的是传统制造业激励理论,对

---

❶ [美]国家科学技术委员会. 技术与国家利益(第一版)[M]. 李正风,译. 北京:科学技术文献出版社,1999:15-18.

产业类型、知识与劳动密集程度、产业链结构、从业者心理素质等方面具有特殊性的动漫产业能否完全适用传统激励理论考虑不充分、不周全。其二，虽然试图重新归纳适用于动漫产业的激励机制，但由于缺乏适应理论发展的社会实践环境和能够对理论创新产生帮助的方法与工具，使该研究在一段时期内受到制约。随着政治经济与社会文化的改善与发展，这种困境逐渐缓解直至完全消失，使我们能够创造与利用新的理论与观点重新审视并重点关注我国动漫产业知识产权激励问题，尤其是在市场经济逐步确立与完善，大数据与"互联网+"蓬勃发展的社会新常态中动漫产业的高效率、高质量创新问题。由此，价值共创理论视阈下的动漫产业知识产权激励问题成为一个值得研究的、具有时代性的议题。本书以价值共创理论为中心，对本研究所依托的动漫产业中的知识产权激励机制构成要素、影响因素、运行模式、实证分析以及机制构建作出系统研究。

第一节　选题背景与意义

　　动漫产业凭借其广泛的消费群体，快捷便利的新媒体传播形式等优势迅速发展，成为"21世纪最有希望的朝阳产业"。我国动漫产业发展潜力巨大，但也面临许多实际问题，其中知识产权创造力提升无疑是近年来我国动漫产业发展实践和理论探讨中的"热点"。从国家宏观发展决策，到地方经济建设规划，再到学术理论琢研，现有研究成果与实践经验为我们探讨动漫产业的知识产权创造力激励问题提供了多领域、多层次的素材。然而，从价值共创视阈来探寻动漫产业创造力的激励，将动漫产业、知识产权和创造力激励三者置于价值共创中进行考量，进而推动动漫产业创新的高质量、高效率和可持续发展的相关研究工作尚未发现。

第一章 绪 论

在绪论部分，笔者首先提出本研究的选题背景和意义，接着梳理国内外有关动漫产业、知识产权和价值共创的研究现状，继而阐述本研究的主要目标、研究内容和创新之处，并陈述在研究过程中所采用的研究方法和基本思路。

一、选题背景

本选题来源于笔者博士阶段导师刘华教授所主持的国家社科基金重点项目"知识产权导向下的文化产业创造力激励制度研究"，在研究过程中，还受到刘华教授所主持的国家知识产权局软科学研究重点项目"我国知识产权文化建设中的重点理论与实践问题研究"、教育部人文社会科学研究专项任务项目（工程科技人才培养研究）"创新研发型卓越工程师培养模式研究——基于中部地区二十家企业创新团队的实证调查"、国家知识产权局项目"中小学知识产权教育现状及对策研究"的启发。笔者有幸参与这4个项目的相关部分研究，对本书的选题、理论研究、实证分析等方面都有一定帮助。

（一）国际趋势

动漫产业已成为大部分发达国家与地区的重要支柱性产业，美国是国际动漫市场中最大的动漫产品输出国，动漫及其衍生产品的出口额已超过汽车与航空航天工业，包括动漫产业在内的文化产业仅次于军事工业，位居六大支柱产业第二位。日本是仅次于美国的世界第二大动漫输出国，动漫产品的国际输出额是钢铁产业国际输出额的4倍，日本动漫市场规模在2014年为1兆6296亿日元，相比上一年增长了10.4%，与此同时，海外销售总额为1亿6000万美元。❶ 韩国政府特别重视动漫产业发展，成立"文化产业振兴院"，对动漫产业在政策与管

---

❶ 日本動画協会. 動画産業レポート2015［R］. 東京：日本動画協会，2015：10.

理上给予支持。英国到 2015 年文化产业年产值已超过任何一种传统制造业所创造的产值，其中动漫产业功不可没。由此可见，动漫产业正成为世界各国新的经济增长点，并在增强国家软实力、国家文化安全，以及未成年人健康成长方面发挥重要作用。

（二）政策动向

近年来，国家在宏观发展规划中高度重视动漫产业的发展问题。自 1996 年中宣部、原新闻出版署共同提出"制定和实施中国儿童动画出版工程"以来，我国在社会经济发展的顶层设计中多次提及动漫产业发展的重要性和紧迫性，并从宏观角度出发，专门提出针对动漫产业的引导与扶持。2004 年原国家广播电影电视总局发布《关于发展我国影视动画产业的若干意见》提出"从我国动漫产业的客观实际出发，从政治体制、政府政策、市场管理等多方面促进我国动漫产业发展"；2006 年国务院转发财政部、教育部等十部委发布《关于推动我国动漫产业发展的若干意见》强调"根据我国动漫产业发展的现实状况，结合我国市场经济发展与社会文化建设的特点与规律，消除我国在体制、机制和制度上对动漫产业发展阻碍，依靠经济市场与社会文化推动我国动漫产业健康稳定、可持续发展"；2012 年原文化部发布《"十二五"时期国家动漫产业发展规划》强调"将动漫产业的发展思路定位为'大动漫观、全产业链'，具体实施措施包括产业结构的优化、产业链的完善，以及市场在资源配置中积极作用的发挥"。顶层规划的频繁强调，说明了国家高度重视动漫产业发展的相关问题。

（三）我国国情

动漫产业发展实践显现出动漫创造力不足、精品不够、人才不强的问题。首先，从宏观层面来看，"重数量、轻质量"的动漫创作模式影响着我国动漫产业整体创新能力。要实现"山寨动漫"向"原创动漫"、"中国制造"向"中国创造"的转化，动漫创新的质量不容忽视。

其次,从企业层面来看,我国动漫企业以中小型企业为主,在发展过程中经常遇到资金短缺、设备落后、原创力不足、人才缺乏等瓶颈。世界第一的动漫产量并未带来第一的销量和利润,充分说明了文化产品创造力的贫乏;世界第一的动漫产量并未创造出具有世界影响力的动漫作品或形象,也说明了低创造性的文化生产只会带来低质量的文化产品。最后,从社会文化层面来看,我国动漫产业低龄化定位影响了动漫内容创新的深度与广度。创造力决定了动漫产品的质量,决定着动漫产业的发展前景和经济价值,继而深刻影响着我国的动漫软实力和民族文化感召力的提升。

(四) 应对态势

动漫产业政策规划已开始关注动漫创新质量问题,但在动漫价值创造方式和创造力激励方式上涉及较少。在政策层面上,近期发布的政策在内容上重点关注促进动漫产业创造能力提升。一方面,以动漫质量作为国产动漫扶持的评价标准之一。2008年,原文化部、财政部、国家税务总局发布《动漫企业认定管理办法》,结合多方面因素,综合衡量后确立的动漫企业认定标准,将既无自主知识产权,也无核心竞争力的企业排除在外,经认定的动漫企业及其产品,都将享受到政府有关优惠和扶持政策。另一方面,重视科学技术和集群效应在动漫创新中的作用。政府在全国多地加强的动漫产业园、动漫产业基地的投入与建设力度,为动漫企业协同创新提供良好的硬件条件。

二、选题意义

我国动漫产业知识产权激励机制发端于20世纪90年代,并于世纪之交以来迅速上升,2006年国务院转发财政部、教育部等十部委的《关于推动我国动漫产业发展的若干意见》,制定具体措施优化动漫产业结构,满足公众文化消费需求,激励动漫产业知识产权发展成为我国国民经济和社会发展的重大决策。近十年是中央政府大力度、主动推进动漫产业发展的一个重要阶段，同期实施的一批促进动漫产业发展制度，初步形成了全社会重视动漫知识产权发展的共识和制度格局。但这些激励机制的重点多涉及文化体制改革、税收激励制度、投融资激励制度、市场准入、动漫文化交流等动漫产业链的中后端，即已有激励机制着力于"产业端"，而对作为动漫产业发展源头的"创意端"关注不多，没有摆脱以移植传统制造业的价值链和线性生产观念为特征的"文化制造"价值导向的激励机制思维。

  价值共创是近十年来逐渐成熟并受到学界广泛关注的新理论，它主张在价值共创活动中，会有包括创作者、生产者、消费者等多方与价值创造活动产生关联，一起发现价值，采取共同行动追求价值，并通过合理的机制分配所创造的附加值。价值共创理论主要包括两个分支：一是生产者视角的价值共创理论，消费者进入生产领域，帮助创作者和生产者设计、开发、生产消费者需要的产品，是消费者与创作生产者通过互动创造价值的合作行为，使消费者与创作、生产者同时获益；二是消费者视角的价值共创理论，由消费者主导消费领域，利用其自身以及创作者、生产者所提供的资源创造使用价值，并在创作生产者的帮助下为自己获得更高的体验价值。与传统价值创造模式相比，价值共创理论在品牌共创、市场定位与细分、开放式创新等方面都具有显著的优势。因此，动漫产业知识产权激励机制对价值共创理论的运用不应只是一种抽象的管理思想，更可以成为可实施的机制措施。

  本书研究的理论意义在于，以价值共创下动漫产业的文化创造为价值追求的知识产权激励机制理论研究，是科学发展观下促进动漫产业持续发展和繁荣的机制保障之必要构成部分。研究有利于厘清动漫创造与动漫产业发展、创造力与文化品质、知识产权与动漫产业发展、知识产权与创造力、价值分配与激励机制、激励机制与信息交流等重要关系，以促进要素间的协调发展。探索价值共创视阈下的动漫产业知识产权激励机制建设的学理和实证支持，构建价值共创视阈下促进动漫产业创造力发展的激励理论，为丰富和发展知识产权激励机制理论体系做出贡献，促进动漫产业价值创造主体间的协同，为开发动漫资源和增强国家软实力，更充分地产生社会与经济效益提供理论支持。

本书研究的实践价值在于，基于理论考察、制度分析和对我国动漫企业与核心技术的专利信息分析，构建中国语境下的动漫产业创造力促进机制，为我国动漫产业知识产权激励机制的完善提供一个以价值共同创造的激励和引导为起点的机制建构思路，形成一套与知识产权制度相衔接、与文化传统相适应、与市场规律相协调、促进制度的效能相叠加、具有协同效应的动漫产业发展的激励机制，为推进我国动漫产业的持续发展和繁荣提供具体制度与方法的完善思路。

第二节 国内外研究现状

一、国内外动漫产业研究现状

国内外有关动漫产业发展现状的研究成果较多，主要涉及动漫产业内涵、特征、产业链、发展历程等领域。

（1）对动漫产业基本理论的探讨。在"动漫"内涵的研究上，主要有三种阐释。其一，认为"动漫"是"动画"与"漫画"组合缩略而成的新词。其中，"动画"（animation）一词在1980年世界动画协会组织（ASIFA）在南斯拉夫的萨格雷布会议中被定义为"动漫并不是真实的动作或现实的方法，而是使用绘画、雕刻等各种技术创作出的活动影像，是以各种方式人为创造的动态影像"。"漫画"（comic）一词，日语称为まんが（manga），是一种古老的艺术形式，常以夸张、变形的艺术表现手法抒情达意，具有很强的自由想象和个性解释风格。其二,《中国动画产业年报 2007》❶ 认为"动漫"是指艺术工作者以画笔、绘本、计算机等为工具,制作的比独立图画的动态性和连续播放性更强的图画,也称"连续变动的图画"。其三,认为动漫是现代漫画、动画和计算机游戏的结合体,这种解释较为流行,在学界和业界有着广泛、普遍的认同感。

在动漫产业内涵的研究上,由于动漫产业是一个较为宽泛、多层次呈现、多产业交叉的新兴产业形态,不同国家和地区动漫产业发展现状与趋势有较大差别,对动漫产业的认识也不尽相同,学界对于其具体内涵也是众说纷纭,并没有统一的界定。在我国,对动漫产业较为权威的解释是 2006 年国务院办公厅《关于推动我国动漫产业发展若干意见》中提出的"动漫产业是以创意为核心,以动画、漫画为表现形式,包含多种形式的动漫直接产品的创造、开发、生产、利用和销售,以及与动漫形象有关的服装、玩具、电子游戏等动漫衍生品的生产与经营的产业"。

在动漫产业特点的研究上,动漫产业是我国文化产业的重要组成部分,是重点发展和培育的典型产业,因此动漫产业的特点与文化产业有一定共性,但也有自己的独特之处。殷俊、杨金秀(2009)❷ 认为动漫产业主要有六个特性:资本集聚、空间聚合、文化创意、高新技术、高风险和心智劳动密集。

(2) 动漫产业链研究。王翼中(2006)❸ 认为动画产业链主要是由动漫市场调研与规划、动漫制作、动漫作品播放系统、动漫衍生品的开发与销售五个环节组成。刘轶、张琐(2005)❹ 明确提出动漫产业链是由动漫核心层、动漫紧密关联层和动漫关联层构成的立体结构。另

---

❶ 孙立军. 中国动画产业年报 2007 [M]. 北京:海洋出版社,2008:16.
❷ 殷俊,杨金秀. 论动漫产业六大基本特性 [J]. 现代传播,2009 (2):137-138.
❸ 王翼中. 动画产业经营与管理 [M]. 北京:中国传媒大学出版社,2006.
❹ 刘轶,张琐. 中国新时期动漫产业与动漫营销 [M]. 北京:中国戏剧出版社,2005.

外，学界对美国、日本和韩国的动漫产业链研究较为集中，如陈又星（2008）❶，杜广中（2009）❷，张荣、陈大佑（2006）❸，彭少健、王天德（2006）❹ 等介绍了这三个动漫产业发达国家的产业链发展模式。概括来说，美国是以电影和电视为主导的完全市场化模式；日本是以漫画为基础，逐步向动画与游戏延伸的市场调节与政府扶持相结合模式；韩国是从初期模仿到动漫与网络游戏相结合的市场需求与政府引导相结合模式。具体来说，美国动漫产业链是完全市场化环境下的常规模式，主要表现为动漫创作生产、借助各种媒体形式的播出与放映、图书与音像制品的出版发行、形成版权的多重利用、衍生产品的开发与营销；日本动漫产业链模式主要表现为，在动漫期刊上发表、对高质量作品单独出版、动画与游戏的改编创作、借助各种媒体形式的播出和放映、图书音像制品的出版发行与相关游戏作品的介入、形成版权的多重利用、其他衍生品的开发与营销；韩国动漫产业链突破了动漫产业链发展的常规模式，形成了一种全新的赢利模式，即在形成动漫形象和市场需求之后，再由动漫企业以该动漫形象为载体制作相关动漫作品，并借助新媒体使动漫形象、作品、品牌得到快速传播。

（3）与动漫创新有关的多方面、多层次、多领域的研究。路春城、黄志刚（2012）❺ 认为财税政策是激励动漫产业发展的重要措施，我国与动漫产业相关的财税政策主要有法律层次低、未充分考虑动漫产业链特殊性等问题，应尽快予以完善。宋江萍（2013）❻ 认为动漫衍生品研发是开展动漫文化与实际生活交流的链条，动漫市场拓展是在衍生

---

❶ 陈又星. 动漫产业链的发展模式 [J]. 经营与管理, 2008 (5): 31-32.
❷ 杜广中. 世界动漫产业链模式对中国式动漫产业链构建的启发 [J]. 广东青年干部学院学报, 2009 (1): 50-54.
❸ 张荣, 陈大佑. 论我国国产动画产业链始端启动策略 [J]. 经济纵横, 2006 (4): 13-15.
❹ 彭少健, 王天德. 动画原创与产业链开发 [J]. 中国广播电视学刊, 2006 (6): 11-13.
❺ 路春城, 黄志刚. 我国动漫产业财税政策取向 [J]. 税务研究, 2012 (4): 12-16.
❻ 宋江萍. 论动漫产业文化拓展的重要性 [J]. 科教导刊, 2013 (13): 41-42.

品开发完成后如何给动漫消费者营造一个市场氛围以促进消费者购买欲望。威廉·莫里茨（William Moritz）（1992）❶ 主要对"二战"时期的动漫发展情况进行介绍，并着重分析德国动画电影在与美国迪士尼动画相抗衡为主要动因的背景下的发展情况。于（Yu）（1999）❷ 对韩国动漫产业的产生与发展现状从多角度、多层次出发进行详尽地探讨。冷特和于（Lent & Yu）（2001）❸ 主要以历史发展和时间线为视角，对1994年之后，韩国政府介入动漫产业发展、韩国动画电影在国内外市场的复兴、韩国网络新媒体动漫的兴起、动漫企业、日本动漫的影响、动漫产业模式的形成与发展等方面论述了韩国动漫产业发展情况。大卫·埃瑞克和金天一（David Ehrlich & Tianyi Jin）（2001）❹ 对中国动漫市场、动漫消费者、动漫产品，以及整个动漫产业的发展历史进行梳理与评述。日本经济产业省（Japanese Economy Division）（2007）❺ 对2000年日本动漫市场和动漫产业的总体状况进行介绍，并认为以日本大和民族文化为支撑的原创性是日本动漫产品在全球范围内广泛传播的主要原因，在此基础上，对日本动漫产业发展的市场环境、产业结构、动漫内容趋势、进出口趋势进行深入分析。中野晴行（2007）❻ 对日本动漫产业、游戏产业的发展现状进行系统研究，其中，对日本动漫产业的历史背景进行反思，梳理日本动漫产业的发展现状，并对日本动漫产业的未来发展趋势展开探讨，此外，还深入分析日本动漫产业

---

❶ William Moritz. Resistance and subversion in animated films of the nazi era: the case of hans fischerkoesen [J]. Animation Journal. 1992 (1): 4-33.

❷ Kie-Un Yu. Development of the Korean animation industry [D]. Historieal, Economie and Cultural Perspectives. Ph. D. Dissertation. Temple University, 1999.

❸ John A. Lent, Kie-Un Yu. Korean animation: A short but robust life. In John A. Lent (ed). Animation in Asia and the Paeific [M]. Sydney and London: John Libbey & Co, 2001.

❹ David Ehrlieh, Tianyi Jin. Animation in China. In John A. Lent (ed). Animation in Asia and the Pacific [M]. Sydney and London: John Libbey & Co, 2001.

❺ Japanese Economy Division. Japanese video game industry [R]. Industrial Reports. JETRO, 2007.

❻ [日] 中野晴行. 动漫创意产业论 [M]. 甄西, 译. 北京：中国传媒大学出版社, 2007.

对其他相关产业的牵引作用。数字矢量研究机构（Digital Vector）（2008）❶从播映动漫作品的电视频道入手，对美国和加拿大近期的动漫需求量进行预测，介绍了美国皮克斯工作室的技术创新和其他主要动漫企业的发展情况。此外，还对动漫作品的预算体系、成本结构、剧本创作、市场需求、融资战略、合作开发情况、成功要素、动漫外包、版权、3D动漫的发展、产业限制、发行策略等内容进行研究与分析。赛迪中国市场研究中心（2009）❷总结了2008年美国、日本、东南亚等世界主要国家和地区动漫产业发展状况，论述这些国家和地区的动漫产业发展特点，分析在国际市场中各自的竞争优势。日本文化产业委员会（2008）❸以日本动漫产业的著作权关系图为核心，详细论述了动漫产业在著作权的获得（个人、职务）；动漫著作权与音乐、剧本、翻译、二次利用、著作权邻接权等的关系；计划阶段、制作阶段涉及的各项著作权；动漫著作权与电影著作权、电视剧著作权、电视节目著作权的区别与联系；共同著作权的获得、利用、权利侵害问题；动漫作品商品化权；动漫商标权，商标权与著作权的关系。增田弘道（2012）❹对日本动漫产业概况进行分析，详细论述日本动漫产业的分类、运作方式、发展诀窍、现存问题等。其论述甚至详细到每集动漫的制作费用、人员配置、重点投入等，对中国动漫产业的发展以及动漫企业、动漫产业园、产业基地的建设具有较大帮助。冷特（1998）❺对动漫外包

---

❶ Digital Vector. Global animation industey: Strategies, Trends and Opportunities [R]. New York: Digital Vector, 2008.

❷ 赛迪中国市场研究中心.2008—2009年世界动漫产业发展研究年度总报告[R].北京：中国市场情报中心, 2009.

❸ コンテンツ委員会.アニメの著作権[R].東京：コンテンツ委員会, 2008.

❹ ［日］增田弘道.日本动漫产业的商业运作模式[M].李希望, 译.上海：龙门书局, 2012.

❺ John A. Lent. The animation industry and its offshore factories, In John A. Lent, Sussman Gerald (ed). Global Productions: Labor in the Making of the Information Society [M]. Cresskill. NJ: Hampton Press, 1998.

市场进行分析,美国动漫企业为降低动漫产品的制作与生产成本,于是将动漫产品的中、后期制作转移至国外,因此,日本、韩国、澳大利亚和中国台湾等国家和地区成为美国动漫的"外包地区",美国成为动漫"总部地区"。而当这些第一批外包地区的劳动力日渐短缺,人力资源成本逐渐上升,也将自身动漫产业发展中较为繁复的动漫产品制作工序向其他国家和地区转移,于是,第一批"外包地区"晋升为"总部地区",其下一个国家和地区成为第二批"外包地区"。克拉克·莱斯特·包蒂斯塔(Clark Lester Bautista)(2008)❶ 以菲律宾动漫产业为研究对象,分析其在全球化背景下的发展特点、成为"外包地区"的利弊等,并由此从发展目标、方式、制度建设等方面对发展中国家的动漫产业发展模式提出自己的主张。麦卡锡(McCarthy)(2001)❷ 详细论述日本动漫在英国市场的交流与贸易情况,并对相关阶段的方式、手段、程序、需要注意的问题等主要内容进行论述。帕滕(Patten)(2001)❸ 重点描述日本动漫出口至美国的历史背景,以及在美国的日本动漫爱好者对促进日本动漫产品在美国市场广泛传播起到的积极影响。

二、国内外动漫产业知识产权激励机制研究现状

国内外有关动漫产业知识产权激励机制的研究积累丰富,涉及政治学、经济学、管理学、法学、情报学、文艺学等不同学科视角。

---

❶ Clark Lester Bautista. The Philippine animation industry landscape [R]. Tholons Research Report, 2008.

❷ Helen McCarthy. The development of the Japanese animation audience in the United Kingdom and France. In John A. Lent (ed). Animation in Asia and thePacific [M]. Sydney and London: John Libbey & Co, 2001.

❸ Fred Patten. Anime in the United States. In John A. Lent (ed). Animation in Asia and the Pacific [M]. Sydney and London: John Libbey & Co, 2001.

（1）从知识产权制度的视角对动漫产业研究提供重要启示。吴汉东（2009）❶认为互联网技术的快速发展打破了以往知识产权所有者、传播者和使用者之间的价值分配利益格局，知识产权制度是规制文化创意产业利益平衡的重要手段。李顺德（2003）❷认为新兴的文化产业正成为知识经济发展的支柱，文化产业快速稳定的成长对我国经济的全面增长具有重要影响，其中涉及市场经营、政策引导、知识产权保护等多方面问题。刘西怀（2010）❸认为知识产权激励是在设定激励目标的前提下，通过制度引导为消除知识产权市场配置的失灵与缺陷提供行为上的动机，知识产权激励机制是通过一系列内在和谐、相互联结与协同的制度安排以达到弥补知识产权市场缺陷、矫正知识产权市场失灵，促进知识产权（人身权与财产权）的形成，及其运用、交易、管理和保护，最终实现构建创新型企业、地区和国家的目标。王宇红、贺瑶、殷昕（2008）❹认为知识产权制度为以自主创新为基础的我国动漫产业发展提供了激励与保护，并从动漫原创产品创造与制作的创新性，产业链的高投入、高利润和高风险性，产品内容的个性化与社会化统一，以及动漫知识产权内在的逻辑关系入手，指出我国以动漫产业特殊性为基础的知识产权立法与制度建设相对滞后。张永忠（2012）❺认为，知识产权是决定整个动漫产业稳定、健康与可持续发展的重要因素，我国现行知识产权激励机制的分散与个体化特点是动漫产业发展中的突出问题，解决动漫产业的知识产权激励问题要立足于动漫产业知识产权聚集的特性，以整体化思路为基础，在法制、体制和机制的

---

❶ 吴汉东.中国知识产权法制建设的评价与反思［J］.中国法学，2009（1）：51-68.
❷ 李顺德.文化产业与知识产权［J］.北京观察，2003（5）：50-53.
❸ 刘西怀.知识产权激励机制研究［J］.全国商情（经济理论研究），2010（5）：105-109.
❹ 王宇红，贺瑶，殷昕.动漫产业的知识产权保护体系研究［J］.科技管理研究，2008（9）：224-228.
❺ 张永忠.动漫产业知识产权保护：整体化的进路［J］.华南师范大学学报（社会科学版），2012（3）：120-124.

创新框架中进行对策研究。

（2）从经济学、政治学等视角对动漫产业知识产权激励理论和实践进行探讨。《动漫蓝皮书：中国动漫产业发展报告（2011~2014）》❶总结归纳了我国动漫产业主要特点和发展态势，提出未来发展趋势展望，并从产业化发展路径、品牌推广与经营、新媒体发展与运用、商业模式创新、产业融合与聚集、平台发展思维、政策与经济环境七个方面提出相关完善建议。谭雪芳（2013）❷从约翰费斯克文化产品的"两种经济"理论视角入手，对动漫产业现状与出现的问题进行探讨，并通过分析新媒体对动漫产业中企业、创作者、消费者、创作渠道、传播渠道等各个要素的影响与变革，提出在新媒体环境下我国动漫产业知识产权发展方向，及具体发展对策。洪志超（Hong-Chi Shiau）（2008）❸对中国台湾地区动漫产业的生产与消费受到国际政治和经济影响的程度进行考察，提出影响中国台湾地区动漫产业发展的主要因素是日本与美国动漫市场需求、版权与技术创新、知识产权制度构建。

（3）从实证的视角丰富了动漫产业知识产权激励机制的认识和解读。王再越（2013）❹基于动漫商业模式以"里约大冒险"和"复仇者联盟"为案例，对动漫品牌价值联合及我国的优势与劣势进行详细分析。津坚信之（2011）❺以日本动漫艺术家为视角，对宫崎骏与手冢治虫作品的异同点进行分析，对日本大正时代、太平洋战争时期、战后复兴期至今的动漫产业发展过程，以及日本知识产权激励机制对动漫

---

❶ 卢斌，郑玉明，牛兴侦. 动漫蓝皮书：中国动漫产业发展报告（2011~2014）[M]. 北京：社会科学文献出版社，2014.

❷ 谭雪芳. 新媒体对动漫产业的价值重构——以"两种经济"理论为视角的研究[J]. 当代传播，2013（3）：59-62.

❸ Hong-Chi Shiau. Animating the cute, the mean and the beautiful - the Taiwan's struggles in the age of globalization [M]. Publisher: VDM, (Verleg Dr. Muller) Germany: Saarbrücken, 2008.

❹ 王再越. 品牌联合与中国动漫产业的发展策略[J]. 辽宁科技大学学报，2013（1）：70-74.

❺ 津坚信之. 日本アニメーションの力 [M]. 东京：NTT出版，2011.

产业发展的影响进行研究。成濑重雄、奥野彰彦（2008）❶对日本著名游戏商任天堂公司在小神游 SP（Gameboy Advance SP）的图形表示装置及方法上被告侵权的案件进行详细分析，对日本游戏产业对特许的申请、使用、被无效等情况进行探讨，并对比类似案件在美国受审可能会出现的结果，研究不同环境下知识产权制度对动漫企业的影响。

三、国内外价值共创理论研究现状

有关价值共创理论及其在产业中的应用研究，多集中在管理学、经济学等领域。

第一，对价值共创概念的理解。21 世纪初，普拉哈拉德和拉马斯瓦米（Prahalad & Ramaswamy）（2000）❷提出一种新的价值创造方式将在未来企业竞争中发挥重要作用，即以消费者为中心，由消费者与企业共同创造价值。有些学者对价值共创概念的理解仅限于传统生产领域，即消费者通过参与企业生产中的相关活动，与企业共创价值。如坎比尔（Kambil et al）（1996）❸认为价值共创是指企业与消费者实现价值的联合生产。拉米雷斯（Ramirez）（1999）❹认为消费者可以参与企业生产领域的价值创造过程，并对"价值共同生产"（value co-production）进行论述。另外一些学者对价值共创概念的理解更为广泛，如

---

❶ 成濑重雄，奥野彰彦. 知っておきたいソフトウェア特許関連判決（その10）——任天堂ゲームボーイアドバンス事件 [J]. パテント，2008，61（3）：57-61.

❷ C. K. Prahalad, V. Ramaswamy. Co-opting customer competence [J]. Harvard Business Review, 2000, 78 (1)：79-87.

❸ A. Kambil, A. Ginsberg, M. Bloch. Reinventing value propositions [EB/OL]. 1996. [2016-4-10]. http：//hdl. handle. net/2451/14205. https：//archive. nyu. edu/handle/2451/14205.

❹ R. Ramirez. Value co-production：intellectual origins and implications for practice and research [J]. Strategic Management Journal, 1999, 20 (1)：49-65.

卢什和瓦戈（Lusch & Vargo）（2008）[1] 在服务主导逻辑（service-dominant logic）的论述中认为，现代市场经济中强调的价值核心是使用价值而非交换价值，因此，企业在价值创造过程中只能处于提出价值主张的角色，而不能主动传递价值，只有消费者的参与才能使价值被共同创造出来。格鲁诺斯（Gronroos）（2008）[2] 认为在价值共创过程并非由企业主导，消费者不是因为企业的单纯要求而获得参与价值创造的机会，消费者对价值共创过程起到完全主导作用，企业能够参与价值共创是因为在此过程中消费者对企业授权，允许企业参与消费者主导的价值创造，使企业转变为价值共创活动的促进者或参与者，在企业积极参与或影响消费者价值创造活动时才会产生价值共创。海诺宁（Heinonen et al）（2010）[3] 在消费者主导逻辑（customer-dominant logic）的论述中认为，消费者主导逻辑将消费者置于价值共创的中心位置，其主要关注点在于消费者的生活实践对价值创造的影响。

第二，对价值共创理论在产业中应用的研究。促进消费者参与企业产品的策划、设计、研发与生产等活动，一方面，可以为企业降低研发投入与生产成本，提高经营效率；另一方面，还可以更加高效地设计与开发出适应市场需求的新产品，制造出促进消费者消费欲望的产品。格鲁诺斯（2008）[4] 以 B2B 环境为背景，对价值共创和互动型社会关系营销进行分析，提出企业在经营活动中应该将自己视为服务提供者，

---

[1] R. F. Lusch, S. Vargo. Service-dominant logic: continuing the evolution [J]. Journal of the Academy of Marketing Science, 2008, 6 (1): 1-10.

[2] C. Gronroos. Service-dominant logic revisited: who creates value and who co-creates? [J]. European Business Review, 2008, 20 (4): 298-314.

[3] K. Heinonen, T. Strandvik, K. Mickelsson. A customer-dominant logic of service [J]. Journal of Service Management, 2010, 21 (4): 531-548.

[4] C. Gronroos. Adopting a service business logic in relational business-to-business marketing: value creation, interaction and joint value co-creation [R]. Otago, 2008: 269-287.

采用与消费者互动的方式共同创造价值。韦恩（Wayne et al）（2010）❶以 B2C 环境为背景，分析消费者价值共创对企业新产品研发的积极影响，在此基础上对价值共创中消费者参与程度的整体框架进行构建，并对其影响因素、构成要件、价值共创绩效进行分析与评价。维克斯特罗姆（Wikstrom）（1996）❷以案例分析为基础，提出价值共创一般不会发生在价值创造过程的所有环节，而是在某一个环节进行价值创造活动，并对产品研发、生产和消费环节的价值共创活动进行详细分析。贝当古（Bettencourt）（1997）❸研究了消费者在价值共创活动中的主要工作，即咨询、促进和人力资源开发。拉米雷斯（Ramirez）（1999）❹对价值创造、价值共创、消费者消费和生产者服务理念的历史根源进行深入分析，初步构建了价值共创的整体框架；奥赫（Auh et al）（2007）❺对企业与消费者进行价值共创的前置条件进行研究，认为主要包括对工作清晰性的感知、消费者的特长、消费者参与的动机等。埃特加（Etgar）（2008）❻提出消费者参与价值共创的模型，将价值共创视为一个动态运行的过程，该运行过程主要包括前置基础因素的形成、创新主体参与动机的形成、对价值共创运行中成本与收益的规划、正式实施价值共创以及价值共创成果产出共五个阶段，消费者可以根据自身兴趣、条件等因素任意选择参与其中的一个或多个阶段。

---

❶ D. H. Wayne, C. Rajesh, D. Matilda, et al. Customer co-creation in new product development [J]. Journal of Service Research, 2010, 13 (3): 283-296.

❷ S. Wikstrom. The customer as co-producer [J]. European Journal of Marketing, 1996, 30 (4): 6-19.

❸ Lance A. Bettencourt. Customer voluntary performance: customers as partners in service delivery [J]. Journal of Retailing, 1997, 73 (3): 383-406.

❹ R. Ramirez. Value co-production: intellectual origins and implications for practice and research [J]. Strategic Management Journal, 1999, 20 (1): 49-65.

❺ S. Auh, S. J. Bell, C. S. Mcleod, et al. Co-production and customer loyalty in financial services [J]. Journal of Retailing, 2007, 83 (3): 359-370.

❻ M. Etgar. A descriptive model of the consumer co-production process [J]. Journal of the Academy Marketing Science, 2008, 36 (1): 97-108.

绍（Schau et al）（2009）❶ 通过对九个品牌的实证研究，对品牌价值创建方式进行归纳总结，主要包括社交网络构建、感知印象管理、社群义工贡献以及品牌产品使用，认为品牌价值主要产生于消费领域，且受到消费者贡献的直接影响。

综合考察相关研究基础，在动漫产业发展、知识产权保护、创造力激励、价值共创相关领域均有建树，但将这些方面置于一个机制运行的机理中考察的研究工作十分少见。价值共创下动漫产业的知识产权激励机制研究，试图将价值共创的基本理论、知识产权制度的经济机理、创造力激励的市场要素、动漫产业的发展特征作一个有机的链接，以价值共创作为主要视阈、以动漫产业的品质提升为价值追求、以知识产权作为创造力激励的主要工具，探讨动漫产业发展激励机制实践的中国路径和经验。

第三节 研究目标、内容与创新点

一、研究目标

通过研究价值共创下动漫产业的知识产权激励机制中各层面、各属性要素的衔接机理与作用机制，揭示我国动漫产业改革实践中出现的问题，以价值共创理论为基础探讨动漫产业知识产权激励机制在形成、运行过程中的障碍，提出我国价值共创下动漫产业的知识产权激励机制在意识矫正、制度完善、基础环境支撑建设与补充的方案，并就方案执行的标准、途径、方法给出可操作的建议。

---

❶ Hope Jensen Schau, Albert M. Muñiz Jr., Eric J. Arnould. How brand community practices create value [J]. Journal of Marketing, 2009, 73 (9): 30-51.

通过研究域外动漫产业知识产权意识培养、知识产权与经济、价值共创激励、动漫产业激励机制建设的最新理论成果和实践经验，在分析域外经验的科学性、普遍性和实用性的基础上，总结各国在动漫产业价值共创下的知识产权激励制度与方法建设上的共性做法和普遍趋势，结合我国的政治体制、经济发展、社会文化、法律传统、制度建设及其执行绩效，为我国构建符合国际趋势，满足我国政治、经济、社会发展需要的动漫产业知识产权激励机制提供启发借鉴和现实依据。

二、研究内容

（一）理论研究

厘清知识产权、动漫产业及价值共创要素关系及阐明相关激励机制的运行机理。第一，厘清知识产权保护与运作、动漫产业发展、价值共创理论、激励理论和信息交流理论各要素间的关系，并对这些基本理论在本研究中的适用路径与正当性问题进行分析研究。第二，对价值共创下动漫产业的知识产权激励机制的构成要素，即激励对象、激励目标、激励制度、激励方法及各要素间的关系进行研究。第三，从价值分配的视角对动漫产业知识产权价值分配过程中对创作者、生产者与消费者激励的影响因素进行归纳，并从信息交流因素的视角寻求要素间效能协同的路径。第四，对文化创造力在动漫产业链中的主体和层级进行分析，进一步对知识产权激励机制中各主体与各层级间的信息交流运行机制进行分析，厘清价值共创中动漫产业知识产权激励机制运行的整体框架，并结合分析运行保障机制。

（二）激励制度的实证研究

观察国外动漫产业知识产权激励制度实践、厘清我国动漫产业知识产权激励制度与产业实践间的冲突。第一，域外。重点考察典型国家与地区 20 世纪末以降制定的动漫产业知识产权激励制度,分析因文化品质、经济发展水平、政治体制、法律传统不同,表现在制度的设计、实施中所呈现的不同特色及制度效果。第二,国内。梳理和分析我国近20 年动漫产业发展制度的已有资源,对其发布时间和机构、目标及基于不同价值追求的措施总量等进行分类整理,揭示制度演进的内容和形式特征,勾勒和识别动漫产业发展的知识产权策略工具和制度杠杆。集成与动漫产业创造力激励有相关度的所有知识产权制度,在价值共创视阈下对其进行类型化分析,对现行制度中单一主体激励和多主体共同激励进行对比分析,揭示价值共创在激励制度中的效能和作用,以提供有针对性的完善我国相关制度体系的着力点。

(三) 激励方法的实证研究

基于专利信息分析的动漫产业知识产权激励方法研究。选取有典型性的动漫企业作为实证对象,通过专利检索、数据挖掘、专利分析,摸清作为市场主体和文化创造主体的动漫企业的技术创新市场运作状况,以及影响技术创新的主要激励方法因素。在核心技术专利信息分析的基础上,通过定量和定性的分析,描绘现行激励方法与现实需求之间的差异,为后续的激励方法完善提供科学依据和素材。

(四) 机制构建

设计我国动漫产业价值共创下的知识产权激励机制。以我国动漫产业激励政策现状为基础,根据激励制度、激励方法和激励机制的基础保障这三个层面对我国价值共创视阈下动漫产业知识产权激励机制进行构建。

三、本书的特色与创新之处

(1) 以激励价值创造为源头的动漫产业发展促进体系研究,提出动漫产业知识产权激励机制的着力点，优化我国动漫产业价值创造激励与引导的政策思路。动漫产业中的文化价值创造与制造业的技术创新有着本质的区别，文化创造及发展的审视不宜模仿传统制造业的价值链判断，它是一种螺旋的非线性过程，更偏重"综合效应"，而非"群聚效应"，其体现的附加值往往超出动漫产业的实际范围，不能单纯以产出数字来衡量。本书通过分析以移植传统制造业的价值链和线性生产观念为特征的"文化制造"，激励机制思维对动漫产业发展的负效应，并通过研究"文化价值创造"激励思维的内涵、特征、功能等内容，提出动漫产业知识产权激励机制的着力点，提供以动漫产业价值创造的激励和引导为起点的激励机制建构思路。

（2）对动漫产业知识产权激励机制的实证调查与效度研究。其一，运用专利信息分析，对动漫产业知识产权激励机制中的技术创新激励进行研究与分析，揭示冲突措施和制度盲点，找到知识产权制度的各个切入点，形成动漫市场主体的激励需求判断。其二，运用政策分析，厘清我国近年发布的动漫产业相关法律与政策，并对发布时间和机构、指导思想、核心目标、相关性程度、具体措施等进行分类、整理，呈现我国动漫产业制度的演进、内容与形式。通过对国外动漫产业发展、知识产权制度治理与激励运作状况的考察，结合各国政治形势、法律体系、经济水平与文化基础等情况，形成动漫产业国际发展趋势判断，为我国动漫产业知识产权激励机制提供比较和参考依据。其三，运用问卷调查，对动漫消费者参与动漫知识产权价值共创的促进手段进行研究与分析，揭示动漫消费者实施价值共创的主要激励因素，及其与创作者、生产者激励因素的区别。

（3）价值共创下动漫产业知识产权激励机制的多主体协同运行研究，揭示现行制度以单一主体激励为主导模式的突出问题，并据此提出优化我国动漫产业知识产权激励机制的预期格局。动漫知识产权价值共创中包括消费者、创作者、生产者等多个创新主体，为使各创新主体在动漫价值创造中实现恰当时间衔接和效能积累并产生价值共创的协同效应，激励机制必须以知识产权为导向，综合考量各主体及其互动中的激励因素，促进动漫产业的创意端与产业端结合，消减动漫产业相关制度的区隔与冲突。本书揭示现行制度以单一主体激励为主导模式，在发挥消费者能动性、激励创作者及生产者创新创造、提高产业价值贡献率方面的突出问题，并据此完善我国动漫产业多主体共同激励机制体系的预期格局，为制度调适包括动漫创作者、生产者、消费者共同参与的价值共创实践提供了更合理的激励机制优化思路。

（4）在价值共创下动漫产业知识产权激励机制运行模式的研究中，对动漫价值共创层级及其交互作用机理，价值共创下的动漫知识产权激励层级及其交互作用机理进行分析，提出价值共创下动漫产业知识产权激励机制的运作方式为：在外部环境因素的作用和影响下，来自创新主体层、决策管理层和支撑平台层的推动力和支持力都将直接或间接地转化为价值共创核心创新团队的驱动力，成为作用于动漫价值共创的动力源泉。对价值共创核心创新团队中的创新主体，即动漫创作者、生产者和消费者的激励又受到各主体内部激励因素和激励控制因素的影响。而成功的价值共创活动会反作用于技术、市场、政府、环境等动漫创新网络诸要素，激发出新的创新需求，以激励新一轮价值共创活动在更高层次上的发展，从而使动漫创新呈螺旋上升式不断进行。

第四节 研究方法与思路

一、研究方法

(一) 规范性理论分析与文献分析

本书将运用各相关学科基本理论和方法,对研究对象作学理性研究,并在清晰的基础理论框架之上推进选题的综合性和实证分析研究。

(二) 多学科交叉分析

本书涉及知识产权制度、动漫产业链及其发展规律、激励机制、组织协同效应、信息交流理论等问题的研究,需要运用情报学、管理学、法学、政治学、经济学、心理学等多学科工具,因此多学科交叉的研究方法将充分体现在本书中。

(三) 比较分析

制度借鉴是制度构建国际实践中重要的方法论,我国与其他各国的制度比较分析,将为如何借鉴国外动漫产业知识产权激励制度提供基本立场和具体实践路径。

(四) 理论分析与实证分析相结合

完善动漫产业激励机制需要以清晰的国情状况为决策基础,本书通过制度分析、专利信息分析等方法,采用随机抽样与典型调查相结合的方式,采集制度及要素分布原始数据、调查典型国家、动漫企业与动漫核心技术,形成决策依据。

二、研究思路

本书的研究进路按照图 1.1 所示的逻辑体系展开。

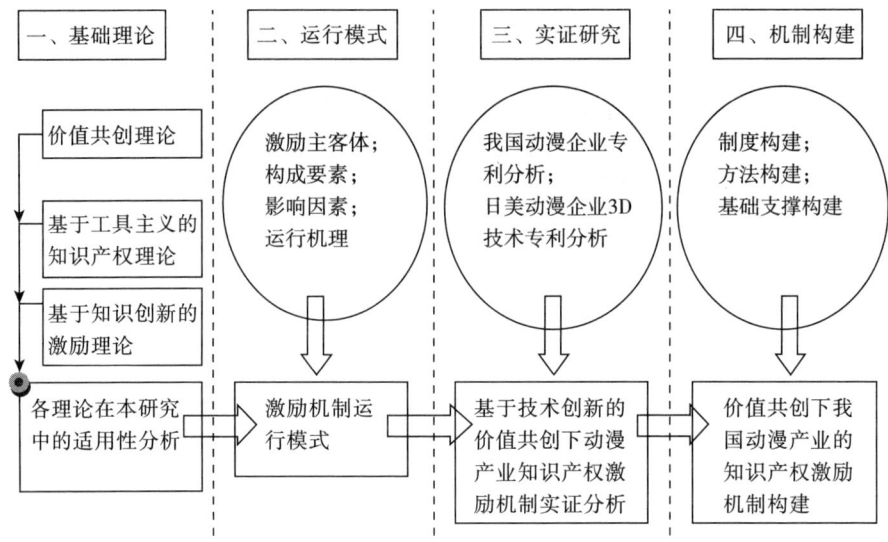

图 1.1　价值共创下动漫产业知识产权激励机制研究思路

第二章 基本理论

本章主要对价值共创下动漫产业知识产权激励机制的相关基础理论进行全面、系统的回顾和评述，主要包括价值共创理论、基于工具主义的知识产权理论以及基于知识创新的激励理论。根据研究激励机制问题的侧重面及其相互关系，对各基础理论在本研究中的适用性和正当性进行分析，为本书分析激励机制的构成要素、影响因素、运行模式，研究、创建新的价值共创下的激励机制构想和设计提供了比较全面的视角和坚实的理论基础。

第一节 价值共创理论

价值创造是社会进步、产业发展、企业战略关注的核心问题之一，对价值创造方式的不同认识主要受到价值创造主体变化的影响。传统的价值创造观认为，生产者是唯一的价值创造者，而消费者是纯粹的价值消耗者，这里的价值是指交换价值，制造并分配商品以获取交换价值是经济行为的主要目标，因此，被创造的价值等于消费者愿意支付的价格。随着政治经济、社会文化与科学技术环境的变化，消费者的角色从单纯的商品购买者逐渐转变为积极的价值创造者，消费者凭借自身文化背景、知识技能等优势参与商品的研发、设计、生产与消费环节。现代社会的价值创造不仅限于生产者，而是有生产者、消费者或其他相关利益者参与的共同创造。价值共创（Value Co-creation）是近十年来逐渐成熟并受到学界广泛关注的新理论，它主张在价值共创活动中，会有包括创作者、生产者、消费者等多方与价值创造活动产生关联，一起发现价值，采取共同行动追求价值，并通过合理机制分配所创造的附加值。普拉哈拉德和拉马斯瓦米对传统价值创造和现代价值共创的特征进行归纳（见表2.1），❶使我们能够直观感受到两者的区别。在理论领域，价值共创研究呈现出以下特点：第一，不再孤立地看待活动中的各个主体，而是考虑所有相关主体的内外联系，并把各主体结合作为一个有机整体进行价值创造；第二，各主体在功能及信息交换与共享的基础上，以整体效益最优为目标进行协同运行；第三，价值共创模式的构建是基于发展环境的整体需求和创造价值最大化为目标的。在实践领域，价值共创理论的提出对传统价值生产方式，企业定位、决策、战略与营销理念，消费者行为方式等都产生了较大冲击。

表2.1　传统价值创造与现代价值共创的区别

	传统价值创造	价值共创
目标	获得经济价值	通过共创经历获得共创价值，同时获得经济价值
阶段	价值链末端	价值链任意链端
企业—消费者关系	以交易为基础	交易与互动同时进行
形式	各种产品、服务、功能、绩效及其操作流程等	通过多种渠道、选择、交易及价格体验关系等实现共创
企业—消费者交互模式	企业发起，消费者被动参与，一对一模式	企业与消费者共同发起，双方均积极主动，一对一或一对多模式
生产质量	企业提供产品质量	企业与消费者交互和共创产品质量

---

❶ C. K. Prahalad, V. Ramaswamy. Co-creating unique value with customers [J]. Strategy and Leadership, 2004 (3): 8.

一、价值创造方式的演变

价值创造方式对企业生产组织形式、知识产权战略核心以及创新激励方式的发展有着重要的指引作用，价值创造方式的演变与商业模式理论的发展与成熟密切相关，依据不同阶段的商业模式理论中价值创造方式的研究（见表2.2），我们以价值创造主体为基础，对价值创造方式的演变进行分析。

表2.2 各阶段商业模式理论中价值创造方式

	产品主导逻辑	服务与服务理念	服务主导逻辑	消费者主导逻辑
关注对象	产品	产品为主	服务	消费者实践和体验
控制主体	企业	企业为主	企业	消费者
合作模式	交易型	交易型	交易型	关系型
价值体现	交换价值	交换价值为主	使用价值	使用和感知价值
价值精神	附加价值	附加价值为主	价值主张	消费者价值
广告方式	宣传产品	抓住市场	宣传服务	围绕消费者需求
集群形式	供应链	价值链	价值链延伸	价值共创网络

（1）生产者单独创造价值。20世纪70年代的产品主导逻辑（G-D）认为，价值在基于有形产品的经济活动之中得以创造，在此基础上，为了提升整体价值效应才产生了消费者服务这部分无形附属品（次要品），价值以有形产品为载体，以交换为实现形式，因此，价值是由有形产品的生产者单独创造的。❶ 其主要特征，一是静态性，即价值总是依附于静态不变的有形产品；二是交易性，即价值创造者（生产者）与价值消耗者（消费者）通过有形产品与金钱的交易使依附于

---

❶ T. Hara, T. Arai. Encourage non-designer's design: continuous value creation in manufacturing products and services [J]. CIRP Annals-Manufacturing Technology, 2012, 61 (1): 171-174.

有形产品的价值得以实现。作为唯一的价值创造者，生产者在产品与服务创造，即价值创造中完全由其自主决定，消费者只是生产者实现价值追求的目标群体，价值在消费者为了取得自身所需的产品或服务与生产者进行交易的过程中得以实现，在消费者对获取到的产品或服务进行消费的基础上逐渐消耗或最终完全消灭。由此可见，在生产者对价值进行独立创造的过程中，价值依附于产品与服务中，在交易之前就已经由生产者创造，消费者是价值的消耗者或被动接受者，生产过程与消费过程相对独立，生产者与消费者也相对独立，两者只在交易中互动。作为工业经济社会的主要商业模式，产品主导逻辑作用下的生产者经营行为关注的核心在于降低成本，而非市场需求，必将引起市场萎缩、供大于求等商业风险。

（2）消费者可为生产者创造价值提供帮助。20世纪80年代，随着经济发展与受教育程度、科学技术水平的不断提升，在商业模式中对生产者与消费者完全分离已不符合社会需求，商业模式理论中的服务意识逐渐提升，理论研究开始从产品制造向服务提供转变。服务由生产者传递给消费者，服务理念是一方利用固有能力（知识、技能、经验等）为另一方提供与有形产品相关的某种需求。❶ 服务与服务理念实际上是在服务意识兴起的背景下对产品主导逻辑的延伸，其价值创造仍旧由生产者完成，消费者可为生产者创造价值提供某些方面的帮助。服务与服务理念的产生为生产者单独创造价值向生产者与消费者价值共创的转型奠定了基础。

（3）生产者和消费者共同创造价值。21世纪以来，消费者知识水平与参与意识增强，其价值创造角色由被动接受者向主动参与者转变，与生产者的互动与合作涉及产品和服务的策划、创造、生产、推广与消费等各个环节，进而对商业模式理论与价值创造方式产生影响。2004

---

❶ Susan Meyer Goldstein et al. The service concept: the missing link in service design research [J]. Journal of operations management, 2002, 20 (2): 121-134.

年提出的服务主导逻辑(S-D)认为,价值创造于无形服务交流为主体的经济活动,有形产品的主要作用在于承载、传递服务。[1] 生产者单独创造价值已不再适应经济发展现状,消费者广泛参与的服务经济已逐渐超越产品经济,是现代市场经济条件下激发市场创新活力、促进经济快速增长的关键因素,为提高收益与市场份额,生产者发展战略须由生产化向服务化转型。生产者与消费者共同创造价值的构成基础在于:其一,信息交流。通过聆听、对话、相互理解与知识共享等形式提高生产者与消费者交互性、投入性、互信度、忠诚度和行动倾向的一致性。其二,回报形式。消费者获取回报的形式不只包括有形产品,还包括令人向往的体验、荣誉感与精神满足等无形回报。其三,风险控制。价值共创活动本身具有风险性,因此对风险的掌控直接影响生产者与消费者共创价值的效率,生产者与消费者应积极交流,做好风险评估,在风险与利益中做取舍。其四,信息透明。在传统价值创造方式中生产者与消费者之间存在信息不对称性,生产者在信息不对称中占据优势地位。在价值共创中,一方面,随着互联网技术的发展,产品、技术、市场等信息的获取便利性与消费者对信息透明的需求逐渐增强,信息不对称性正在快速消失;另一方面,为获得消费者信任,提高消费者价值创造能动性,生产者应当主动提供相关信息,保持信息透明。需要注意的是,这四种构成要素单独作用的效率较小,通常都是在交互影响中产生一种合力。在服务主导逻辑下,价值创造系统逐渐演化成一种开放系统,对此拥有工具性资源的消费者、创作者、生产者,以及其他利益相关者共同加入价值创造,生产过程和消费过程相互融合,生产者与消费者互动合作,共创价值。

(4)消费者单独创造价值。2010年提出的消费者主导逻辑(C-D)认为,价值创造于消费者需求与体验为主体的经济活动,价值创造是

---

[1] Stephen L. Vargo, Robert F. Lusch. Service–dominant logic:continuing the evolution [J]. Journal of the academy of marketing science (Spring),2008:1-10.

以客户为主导,制造商、供应商或服务提供商等生产者只是参与者,而非发起者。❶ 消费者主导逻辑与前文所述的产品主导逻辑、服务与服务理念以及服务主导逻辑的核心区别在于看待商业经济的视角不同,后三者主要是生产者视角下的价值创造,以生产者为主体,实施目的是为获取产品—服务的交换价值,而消费者主导逻辑是消费者视角下的价值创造,以消费者为主体,实施目的是为获取产品—服务的使用价值和体验价值,重点关注消费者的消费实践、消费心理和消费体验等内容。与服务主导逻辑中消费者与生产者互动范畴的价值创造相区别,消费者主导逻辑下的价值创造关注价值形成到消灭的整个环节,其主要特征在于:其一,完全性。指价值创造的所有环节与运营过程都围绕消费者展开,消费者完全参与到价值创造之中;其二,嵌入性。指在消费者的价值创造与消费过程中,生产者的支持与服务应当因时因地制宜的方式融入其中;其三,细分性。指生产者对消费者做出归类,进而对一般消费者与具有价值共创潜力的消费者采取不同的营销手段。消费者主导逻辑的产生与发展在一定程度上推动服务主导逻辑的完善,具体来说,一方面,促进生产者服务与消费者需求的有机结合;另一方面,为生产者处理与消费者的关系提供了借鉴依据。

需要说明的是,消费者对价值的独立创造实际是其在使用、消费生产者提供的产品或服务过程中的价值再创造,并不涉及原本生产者对产品的生产和价值创造问题,是基于使用价值的衍生价值创造,实践中,在衍生价值创造中,生产者没有发挥作用,因此,是消费者单独创造的。也有学者认为,消费者在价值创造过程中必须借助生产者在产品或服务上的帮助,由此,衍生价值或二次价值的创造是建立在生产者已创造完成的初次价值之上的,因此,在本质上还是生产者与消费者的共同创造。

---

❶ Kristina Heinonen, Tore Strandvik, Paivi Voima. Customer dominant value formation in service [J]. European Business Revicw, 2013, 25 (2): 104-123.

二、早期价值共创思想

19世纪,价值共创思想在服务经济学领域的研究中产生。斯托奇(Storch)(1823)认为"生产者与消费者的合作是服务完成的重要条件",蕴含了服务过程中的价值创造由生产者和消费者共同完成的思想。❶ 福斯(Fuchs)(1968)认为在生产领域中,消费者可以作为一种生产要素与生产者进行合作,提高服务业的工作效率。❷ 服务业的工作效率不仅取决于生产者,还在于消费者的知识、动机、经验和个人素质。贝克尔(Becker)(1965)认为生产者在经营活动中应当做的"第一件事"就是协助消费者实现价值创造,并且在消费者价值创造过程中,生产者帮助作用的程度和独特性直接决定生产者的竞争优势与最终利润的提高。❸ 20世纪60年代,经济学中的消费者生产理论认为价值创造过程中消费者的作用不应局限于服务经济领域。生产者创造的产品与服务只能间接地满足消费者的需求,消费者多样化的需求最终是以自身"生产"的形式得以实现的。也就是说,能够满足消费者需求的价值是由消费者将自身知识、技能作用于生产者提供的产品或服务后才得以形成。在该理论中,消费者被认为具有创造价值的功能,然而,价值创造的前提条件是生产者对产品或服务的提供,以及生产者与消费者的互动。早期价值共创思想认为,消费者具有一定的价值创造能力,但必须通过与消费者的互动或合作才能实现,且消费者的价值创造主要出现在服务或消费领域。

---

❶ R. Ramirez. Value co-production: intellectual origins and implications for practice and research [J]. Strategic Management Journal, 1999, 20 (1): 49-65.

❷ V. Fuchs. The service economy [M]. New York: Columbia University Press, 1968.

❸ G. S. Becker. A theory of the allocation of time [J]. Economic Journal, 1965, 299 (75): 493-517.

三、现代价值共创理论

近 20 年,现代管理学理论中的价值共创观念才引起学界的普遍关注,目前价值共创理论研究主要有三个不同分支。

(1) 价值来源于共同生产,生产者与消费者是价值的共同生产者。有学者认为价值共创局限于"价值共同生产",即消费者与生产者共创价值仅出现于生产领域。如拉米雷斯(1999)提出"价值共同生产"(value co-production)的概念,认为消费者能够且仅能够进入价值的生产过程中,并与生产者共同生产价值。❶ 坎比尔(1999)认为价值共创是生产者与消费者为满足各自需求而在生产领域的协同运行中共同生产价值的过程。❷ 本达布迪和利昂(Bendapudi & Leone)(2003)认为价值共创即共同生产,是指消费者参与服务的生产和交付。❸ 卢什和瓦戈(2008)认为作为价值共创形式之一的价值共同生产是在产品或服务的使用、消费、体验之前或之中的生产者与消费者的共同生产行为。❹ 刘文超、辛欣、任俊生(2011)认为价值共同创造是生产者与消费者的积极互动,由生产者提供物质与服务,由消费者提供知识与技能,双方通过信息交流与互动协作的方式策划、发明、生产具有市场需求价值的多种类、多形式的产品或服务。❺

---

❶ R. Ramirez. Value co-production: intellectual origins and implications for practice and research [J]. Strategic Management Journal, 1999, 20 (1): 49-65.

❷ A. Kambil, A. Ginsberg, M. Bloch. Reinventing value propositions [EB/OL]. 1996. [2016-4-10]. http://hdl.handle.net/2451/14205. https://archive.nyu.edu/handle/2451/14205.

❸ N. Bendapudi, R. P. Leone. Psychological implications of customer participation in co-production [J]. Journal of Marketing, 2003 (67): 14-15.

❹ R. F. Lusch, S. Vargo. Service-dominant logic: continuing the evolution [J]. Journal of the Academy of Marketing Science, 2008, 6 (1): 1-10.

❺ 刘文超, 辛欣, 任俊生. "共同创造"思想的兴起及其内涵浅析 [J]. 税务与经济, 2011 (6): 28-32.

(2) 价值来源于共同创造，消费者协助生产者而成为价值的共同创造者。赞同这种观点的学者认为体验或使用价值是价值共创的主要内容，生产者在消费者进入产业链与价值链全过程共创价值中应当起到积极的推动作用。随着社会经济与信息技术的发展，消费者对价值创造的作用逐渐增强，普拉哈拉德和拉马斯瓦米（2004）认为生产者应当以消费者为焦点，采用新的价值创造模式，即从消费者角度出发，将价值链的所有环节对消费者开放，价值创造由消费者、生产者等创新主体协作完成。❶ 一方面，价值共创的焦点在于体验价值的创造；另一方面，价值创造的轨迹应包含所有参与者，如消费者与生产者之间、不同消费者之间、不同生产者之间、其他利益相关者之间的互动。与此同时，价值共创活动的实施领域较为广泛，既可以发生在生产领域，也可以发生在消费领域。卢什和瓦戈（2008）在服务主导逻辑的研究中认为，现代经济价值的核心已由交换价值变为使用价值，生产者只能提供价值主张，仅凭其一己之力无法传递价值，那么，最终价值也就得不到真正实现，价值应当是由所有参与价值创造的利益相关者共同创造的，而消费者可以在生产领域与消费领域的任何环节通过协助生产者，与生产者的互动，参与价值共创，成为价值的共同创造者。❷

(3) 价值来源于共同创造，生产者协助消费者而成为价值的共同创造者。赞同这种观点的学者认为生活价值（value in life）或情境价值（value in context）是价值共创的主要内容，生产者的经营目标并不是为消费者提供产品和服务，而是消费者如何利用其提供的产品或服务达到消费目的，即生产者经营活动应聚焦于消费者的消费活动、消费实践、消费体验、消费过程和消费反馈等内容。格鲁诺斯（2008）认为在价值共创过程中，价值创造的主体是消费者而非生产者，即生产者

---

❶ C. K. Prahalad, V. Ramaswamy. Co-creation experiences: The next practice in value creation [J]. Journal of Interactive Marketing, 2004 (18): 5-14.

❷ R. F. Lusch, S. Vargo. Service-dominant logic: continuing the evolution [J]. Journal of the Academy of Marketing Science, 2008, 6 (1): 1-10.

协助消费者成为价值的共同创造者,而不是消费者协助生产者成为价值的共同创造者。在消费者价值创造过程中,生产者的主动参与促成了价值共创活动的产生。❶ 海诺宁(2010)在消费者主导逻辑的研究中认为,价值创造来源于消费者的生活实践,即消费者利用自身知识、技能或其他资源,以及生产者提供的产品或服务,在生活实践中为自身创造价值。❷

从以上三种不同观点可以看出,观点一与观点三都属于狭义的价值共创范畴,总的来说,"价值来源于共同生产,生产者与消费者是价值的共同生产者"的观点侧重生产领域的价值创造,即消费者与生产者一起策划、研发、生产适应市场需求的产品,满足生产者与消费者双方利益需求;而"价值来源于共同创造,生产者协助消费者而成为价值的共同创造者"的观点侧重消费领域的价值创造,即生产者在以消费者为主体的价值创造中寻求成为共同创造者的机会,并通过多种方式协助消费者获取更高的体验价值、生活价值或情境价值。而观点二"价值来源于共同创造,消费者协助生产者而成为价值的共同创造者"属于广义的价值共创范畴,主要强调生产领域与消费领域所有环节的价值创造,生产者与消费者可以在价值链各个环节互动、合作,共同创造价值。

四、基于不同视角的价值共创理论

作为价值共创过程的两个主体,生产者和消费者遵循两种不同的视角参与其中,一方面,在基于生产者视角的价值共创中,生产者以经济效益的实现为主要目标,在实施价值创造过程中与消费者互动、合作,

---

❶ C. Gronroos. Service-dominant logic revisited: who creates value and who co-creates? [J]. European Business Review, 2008, 20 (4): 298-314.

❷ K. Heinonen, T. Strandvik, K. Mickelsson. A customer-dominant logic of service [J]. Journal of Service Management, 2010, 21 (4): 531-548.

并以生产者战略和资源为基础安排、组织、管理和评价共创价值的效果；另一方面，在基于消费者视角的价值共创中，消费者以自身需求的实现为主要目标，借助于生产者的协助为获得自身利益而创造价值，并根据自身参与价值共创活动的实际情况对生产者进行信息反馈。基于不同视角的价值共创理论，实质上是生产者与消费者根据自身需求对同一种行为的不同看法。

（1）以生产者为视角的价值共创理论重点关注生产者在价值共创过程中具体的投入与产出，生产者对消费者的激励、利用与管理等方面。如图2.1所示，生产者为了在价值共创过程中实现其价值目标，首先，为建立与维持价值共创系统的正常运行而向其投入相应的资源；其次，对消费者的价值需求与为共创价值投入的资源进行有效调节与管理；再次，在价值共创系统中通过与消费者的持续互动与合作完成价值共创行为；最后，价值共创成果，即生产者价值产出具体表现为生产者经营绩效、品牌、产品、技术等的提高。其中，消费者价值需求与消费者资源投入对生产者投入与生产者产出产生影响，而消费者价值需求与价值共创系统之间、消费者资源投入与价值共创系统之间都存在信息交流，在价值共创系统中进行互动与协作。由此可见，在基于生产者视角的价值共创中，消费者主要有三方面作用：其一，向价值共创

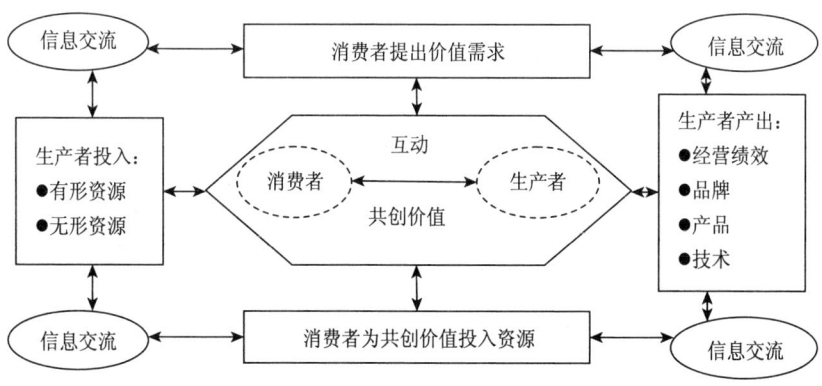

图2.1 基于生产者视角的价值共创

系统提出价值需求；其二，为价值共创系统提供力所能及的资源；其三，在价值共创系统中与生产者互动共同创造价值。由图 2.1 可以看出，基于生产者视角的价值共创是将生产者置于核心地位的价值创造过程，价值共创系统运行与消费者效能发挥都依赖于生产者对基本资源的投入，价值共创成果属于生产者，并通过信息交流将各环节连接起来使之成为一个动态系统。

（2）基于消费者视角的价值共创理论，是以消费者为主体的价值投入—产出过程研究，主要关注价值共创对消费者价值需求与价值实现的影响，以及消费者在价值共创中自身资源与生产者提供资源的利用方式。如图 2.2 所示，消费者作为价值共创者，为了实现其自身利益，首先，需要将自身知识、技能、信息、时间等资源投入价值共创系统；其次，整合生产者价值主张与为共创价值提供的支持；再次，在价值共创系统中通过与生产者的持续互动与合作完成价值共创行为；最后，价值共创成果，即消费者价值产出具体表现为消费者体验、满足和价值等的提升。其中，消费者与生产者通过持续的互动、合作与资源交换将消费者价值创造与生产者价值创造进行连接，实现价值共创。由此可见，在基于消费者视角的价值共创中，生产者主要有三方面作用：其

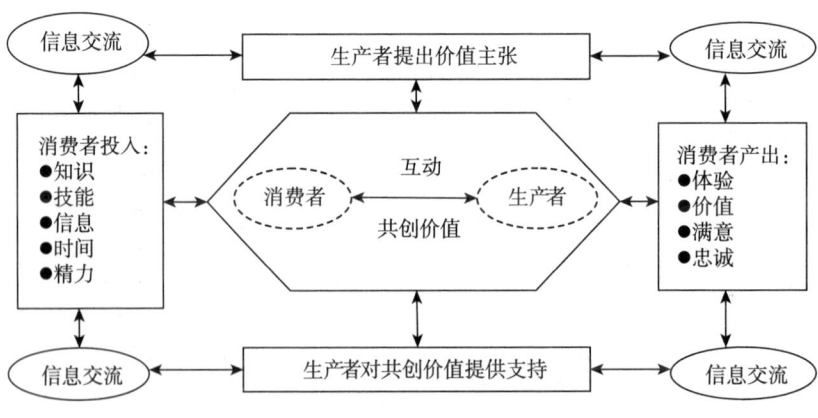

图 2.2　基于消费者视角的价值共创

一，生产者根据自身战略目标与消费者需求提出价值主张，在与消费者的信息交流之后，形成共同的价值创造目标；其二，生产者对价值共创提供支持，包括工作场所、办公用品等基础硬件设施和工作制度、文化氛围等软性条件，保证价值共创活动的顺利进行；其三，通过互动和合作，与消费者共创价值。

其中，消费者的信息交流促使消费者投入与价值共创系统形成循环，消费者在价值共创活动中不断学习和积累经验，调整自身资源投入以尽可能提高价值产出；同时，生产者的信息交流促使价值共创系统与消费者价值产出形成循环，企业在价值共创活动中获取消费者提供的资源与信息，将价值共创成果及时反馈给价值共创系统，并适时调整对价值共创系统的支持，在提高消费者价值产出效率的同时，实现生产者自身价值。消费者与生产者的信息交流与互动成为价值共创系统的活化器，使其成为一个持续发展的动态过程。与基于生产者视角的价值共创研究相比，目前学界对于消费者视角的价值共创研究较少，且现有研究多从消费者的视角探讨共同生产或价值共创成果问题，没有深入剖析该视角下价值共创的本质特征与具体内在运行过程。

基于生产者视角和消费者视角的价值共创理论反映了从各自的角度出发，价值创造主体对同一价值创造过程的不同理解。价值共创将生产者与消费者置于同一价值创造系统中，促使双方通过互动与合作，相互影响、学习与渗透，生产者与消费者作为资源拥有者参与其中，并为双方的价值创造做出贡献，实现双赢，这是基于两种不同视角的价值共创理论的共同之处。

第二节 基于工具主义的知识产权理论

尽管"知识产权制度是一个社会政策的工具"❶的主张已经获得广泛的认同,而基于工具主义的知识产权理论的流变却经历了漫长的过程。当代工具主义的知识产权理论由古典知识产权研究中的工具主义思想演变而来,本书从古典、现代、当代三条路径对基于工具主义的知识产权理论进行探讨,分析其历史渊源、代表思想、优势与不足。动漫产业知识产权创造力激励的重要一环就是对知识产权的保护与利用,因此,对建立在工具主义基础之上的知识产权理论展开较为全面的研究,加深我们对知识产权正当性与利用的认识,有利于为本书理论研究确立前提与基础。

一、古典知识产权理论——知识产权的自然权利论

传统的知识产权理论属于财产权理论范畴,而财产权是以具有工具性的有形物作为其研究对象。在古典知识产权理论形成之初,一些重要的启蒙思想家,如洛克、卢梭和黑格尔等均对财产权有过精辟论述,尽管这些思想理论受其政治经济环境以及时代条件的限制,鲜有对基于工具主义的知识产权理论的直接论述,但是作为均从属于财产权的具有工具性的知识产权和其他有形财产之间的理论探讨有其必然联系,研究与分析基于工具主义的知识产权自然权利论对于我们更加深刻地认识与把握其内涵特征有着重要意义。

第一,洛克的劳动财产权理论。其基本核心内容包括:世界应当归

---

❶ 刘华.知识产权制度的理性与绩效分析[M].北京:中国社会科学出版社,2004:46.

属于全人类，由人类共同所有，天赋人权，每个人对其人身、劳动均享有所有权，当私有劳动与处于公有状态的物体混合时，私有劳动的所有人便可取得该物体的财产权，财产权基于等价交换而实现，不能对处于公有状态的物体占取比其享用数量更多的比例。❶ 学界对于洛克的劳动财产权理论具有两种不同解读，一种是基于工具主义思想的解读，认为社会将财产赋予劳动，完全是基于人们付出劳动后便具有了报酬索取权；另一种是基于规范主义思想的解读认为，劳动应当被给予报酬。❷ 而知识产品是劳动产品，道格拉斯·贝尔德（Douglas Baird）认为，"人们不能仅从物理上占有知识，而人们有权利享受劳动成果，因此，知识产品财产权具有正当性。"知识产品是体力与脑力劳动结合的产物，因此，出于对人的劳动的尊重，应当赋予知识创造者一定的财产权。洛克的理论为财产的取得提供了工具主义思想基础，阐释了知识产权制度的工具性功能，且该理论实际上也为有关知识产权制度性质的哲学探讨提供了重要基础。在该理论盛行的18世纪，在一定程度上促成了世界上第一部著作权法——《安妮女王法》，以及《文学艺术产权》等知识产权制度的产生。❸

第二，卢梭的社会公意财产权理论。其核心内涵主要为财产权产生的依据是具有强制性的公意下的社会契约。将社会公意的观点运用于知识产权理论，可发现它为基于工具主义的知识产品的财产权提供了有力解释。一方面，专利制度是一种社会契约，它通过授予专利发明人一些暂时的市场专有权利，使其回收研发成本，❹ 补偿研发成果公开化

---

❶ Peter Drahos. A philosophy of intelleetual property［M］. Aldershot：Ashgate Publishing Company，1996：43.

❷ Justin Hughes. The philosophy of intellectual property［J］. Georgetown Law journal，1988，77（12）：287-366.

❸ 冯晓青. 知识产权法哲学［M］. 北京：中国人民公安大学出版社，2003：39.

❹ 英国知识产权委员会知识产权与发展政策相结合［R］. 伦敦：英国知识产权委员会，2002：13.

并获取利润。❶ 另一方面，卢梭强调的公意永远是正义的，公意即社会共同利益，在一个法治基础良好的国家或地区，公意的适当运用可以增进所有人的福利。

第三，黑格尔的人格财产权理论。相对于洛克和卢梭以自然状态为基础对财产权理论进行论述，黑格尔的理论则是以财产和财产权的人格理论为基础。该理论的内涵以"自由意志"为核心，认为发展人权的前提是对财产权的确立。知识产权包含人格权与财产权两部分内容，洛克劳动财产权理论和卢梭社会公意理论仅从有形产品的财产权角度对基于工具主义的知识产权理论进行研究，而人格财产权理论对知识产权的工具主义思想提供了与现代知识产权理论相对应和匹配的更有力学说。相比于其他古典思想家，黑格尔不仅关心有形产品的财产权，也对无形产品，即著作品的财产权进行研究，这在古典学者中是极为少见的。他以"人格财产"理论为视角，详细地阐述了无形产品所有权的确立、转让和保护等相关问题。具体表现为：其一，无形产品可以转让；其二，无形产品所有权转让与有形产品所有权转让相似，通过缔结契约关系、赠与、交换、交易等行为理性的完成；其三，无形产品转让双方权利的划分；其四，无形产品所有权的保护。

二、现代知识产权理论——知识产权的经济激励理论

将制度视为一种实现功利目标的工具，具体到知识产权理论中，便是以经济激励理论的形式为知识产权的工具主义提供理论支撑与依据。经济激励理论不同于劳动财产权、社会公意财产权和人格财产权理论以自然权利为基础的研究，而是从"激励"智力创造提升社会整体利

---

❶ 吴汉东. 法哲学家对知识产权法的哲学解读 [J]. 法商研究, 2003 (5): 77-85.

益角度看待知识产权作为一种制度工具的功能。❶ 经济激励理论认为，在知识产品创造效率提升这一目标上，需要对劳动者的智力成果赋予可以利用的权利，对知识产权的保护将激励发明人、作家、艺术家等智力劳动者积极创新。

值得注意的是，经济激励理论重点关注的是知识产品的使用者，而非创造者或生产者。赋予创造者以财产权的主要原因是激励创造者为使用者提供足够多的知识产品，进而言之，社会为了寻求知识产品效用的最大化，将知识产权激励作为一种工具促进智力劳动者的成果产出。❷ 经济激励理论认为，在知识进步和知识扩散之间存在一个假定交换，即对知识产权的强保护是服务于前者的实现，而又是以后者的限制为代价的。❸ 也就是说，基于工具主义的知识产权在确认并保护智力劳动者专有权利的同时，在一定程度上又限制了其他人接近和利用其智力成果。

由此可见，经济激励理论不在于对创造者的劳动进行奖励，而是为了使创造者获得合适的激励，继续实施创造活动。❹ 以工具主义为基础的知识产权制度是利他而非利己的，其主要目的是造福社会大众，而非对创造者的回报，即社会利益优先，个人利益次之。与之相比，在古典自然权利理论下，创造者对其劳动的所得更强调的是个人从自然公有物中划分的财产权，古典与现代理论的主要区别在于"劳动成果的最终归属权"。当我们进一步探讨经济激励理论中居于工具主义的知识

---

❶ E. C. Hettinger. Justifying intellectual property [J]. Philosophy and Public affairs, 1989, 18 (1): 31-52.

❷ 冯晓青. 知识产权法哲学 [M]. 北京：中国人民公安大学出版社，2003：192.

❸ P. David. Intellectual property institutions and the panda's thumb: patents, copyright and trade secrets in economic theory and history. In M. B. Wallerstein et al (eds.). Global dimensions of intellectual property rights in science and technology [M]. Washington D. C.: National Academy Press, 1993: 55.

❹ [美] 罗伯特·P. 墨杰斯，等. 新技术时代的知识产权法 [M]. 齐筠，等译. 北京：中国政法大学出版社，2003：13.

产权理论时，可以发现其存在着许多缺陷或不足，即"系统失灵"。❶主要表现为：其一，经济激励理论不能适用于商标，"对商标的保护并不是为了激励创造更多商标，因此经济激励理论在商标制度中无法完全适用"；❷ 其二，经济激励理论本身具有一些自相矛盾的特性；其三，创造行为本身并非一定需要利益刺激才能实现；其四，经济激励理论无法解释知识产权制度并非对所有创造行为进行保护；其五，经济激励理论对市场价值的研究尚待完善。

三、当代知识产权理论——知识产权的纯粹工具主义理论

进入当代，知识产权理论沿着纯粹的工具主义理论方向逐渐发展与完善，知识产权制度的构建主要以社会有效性为核心目标，突出体现在两个方面：知识产权战略和知识产权法定。

（1）知识产权被视为一种发展战略而加以利用。在全球化和知识产权制度日趋成熟的背景下，我们在对知识产权理论进行研究时，第一，要看到由于知识产权制度对创造者与知识产品的尊重与保护，促进了国家经济、技术和文化的发展；第二，也要看到知识产权制度的纯粹工具性，具体到国家发展战略层面上，应当考虑的是构建适合国情的，能够进行有效、良性的利用，作为国家经济发展支柱的知识产权制度。卡米尔·伊第莱斯（Kamil Idris）（2001）认为，知识产权不仅是促进经济增长的有力工具，也是社会、文化发展的重要工具。❸ 知识产权战略是近年来一些发达国家提出的发展思路，即运用一系列知识产权法律与政策，在保障自身权益不受侵害和提升自身优势的同时，对

---

❶ 李琛. 知识产权法体系 [M]. 北京：中国政法大学出版社，2004：62.

❷ Mark A. Lemley. The moden Lanham act and the death of common sense [J]. Yale Law Journal, 1999, 108（7）: 1687-1715.

❸ Kamil Idris. Intellectual property：A power tool for economic growth [J]. Geneva：WIPO, 2001（30）.

其他主体的持续发展形成阻碍，进而获取更多的经济效益、政治效益乃至文化效益而采取的重要策略与全局性规划。❶ 知识产权战略对象可分为国际战略和国内战略，前者是为了适应经济全球化和知识产权国际化，特别是 TRIPS 协议实施之后，谋求国际经济竞争力而作出的宏观战略部署，基本着眼点在于国际竞争中国家利益的保护；后者是基于国内经济、技术与文化的发展水平而对知识产权发展国际潮流作出符合本土化的制度安排，基本着眼点在于维持国民经济的可持续发展。知识产权战略主要包括四个层面，即国家、地区（区域）、行业和企业知识产权战略，其中，每一层面的具体内容主要包括知识产权创造、研发、保护、运用、管理、人才培养与激励等方面，具体的战略形式主要包括专利战略、商标战略、商业秘密战略、版权战略等。

（2）知识产权的法定主义。其内涵主要是指知识产权的所有关键内容必须由成文法确定，除法律中的特别授权外，任何个人或机构不得自行创设知识产权。❷ 也就是说，知识产权制度作为实现国家意志的工具，对其内容具有决定意义的是工具主义的国家制定法。依照法定主义，对于某些似乎应该给予法律保护的智慧劳动成果，如传统知识、医药科技、计算机代码、商业模式、未构成作品的数据库等，如若没有知识产权制度的认可，则只能暂且放置于共有领域之中。以工具主义为基础的知识产权法定主义理论与以功利主义为基础的经济激励理论既有联系也有区别。知识产权法定主义的重点在于明确知识产权与知识产权法的联系与区别，知识产权制度调整的对象并非所有智慧劳动成果，因为公共利益是知识产权制度构建的基础，对智慧劳动成果的保护需要对个人与公共利益进行权衡，保持某些应处于公有领域的知识和信息。与此同时，某些知识产品作为无形产品，其边界不像有形产

---

❶ 李玉璧. 知识产权战略实践价值初探 [J]. 西北师大学报（社会科学版），2004（2）：73-76.

❷ 郑胜利. 论知识产权的法定主义 [J]. 中国发展，2006（3）：49-54.

品那样容易划定，知识产权边界的模糊性需要国家将制度作为工具对其加以清晰。经济激励理论关注的焦点是通过设立产权，对创造者和创作者进行经济激励，以促使其生产更多对社会有益的知识产品，提升公共利益。由此可见，两者共同之处在于对社会公共利益的关注，区别在于知识产权法定主义的核心是知识产权制度构建，具有国家授予性的特点；经济激励理论的主要方法是利用经济手段或经济分析的方法阐释知识产权工具性与适用性。当代社会对知识产权理论新的阐释主要表现为知识产权法定主义，即以纯粹的工具主义为基础，建立在知识产权自然权利、经济激励以及智慧劳动成果特点之上新的知识产权认知模式。

第三节　基于知识创新的激励理论

自20世纪初以来，学界产生了各种类型的激励理论，根据研究激励问题的侧重面和行为关系，以下将从管理学和经济学角度提出的各种基于知识创新的激励理论进行归纳分析。

一、"经济人"假设下的早期激励理论

激励并非仅是近现代社会的特定产物，古代社会也同样存在激励问题，只是近现代政治、经济、社会文化的快速发展使得激励目标、对象、方式和效率等发生变化，激励也成为一个较为突出的现实问题，学界对激励的认识与研究也沿着更为系统化、理论化的方向发展。可以

说，劳动分工与商品交易的产生与发展促使了现代激励问题的出现，❶ 而对激励理论的发展起到进一步促进作用的是工业革命。❷ 早期激励理论受到当时科学技术与产业发展水平影响，并未对知识创新激励进行研究，但是仍旧深刻影响了现代社会知识创新激励理论的形成与发展。

现代激励理论最早可追溯到亚当·斯密（Adam Smith）的"理性经济人"假设（假设雇员追求收入最大化），该理论在企业管理实践中获得有效运用和持续性发展，并在此基础上形成多元理论分支。20世纪初，弗雷德里克·温斯洛·泰勒（Frederick Winslow Taylor）依赖理性经济人理论，发现了劳资双方追求的共同目标——经济利益，雇员工作的目的在于获得更多的收入，而雇主经营的目的在于追求利润最大化。传统观点认为，雇员实现经济收入最大化必然导致雇主提供薪资的成本上升，阻碍雇主利润最大化的实现。而泰勒提出了"胡萝卜加大棒"式的早期激励理论，所谓"胡萝卜"主要是指各种形式的物质利益，所谓"大棒"主要是指企业中实行的各种规章管理制度、工作与产品标准化实施规则、绩效奖励与惩罚制度等。其主要内容在于利用金钱刺激调动雇员工作积极性，即鼓励雇员努力工作，通过提高工作时长、专业分工等方式提高工作效率，为雇主创造更多利润，而雇主则根据工作时长、差别计件等方式对雇员的工作成果给予相应报酬。

然而，"理性经济人假设"是完全正确的吗？泰勒提出科学管理理论后不久，由乔治·埃尔顿·梅奥（George Elton Mayo）主持开展的心理学研究的结果对该观点提出质疑。梅奥等人通过"霍桑实验"❸ 对可能影响雇员工作绩效提高的各种激励因素进行统计分析，发现物质收

---

❶ [法]让-雅克·拉丰，大卫·马赫蒂摩. 激励理论（第一卷）：委托—代理模型［M］. 陈志俊，等译. 北京：中国人民大学出版社，2002.

❷ [美]J. 史蒂文·奥特，等. 组织行为学经典文献（第三版）［M］. 王蔷，等译. 上海：上海财经大学出版社，2009：139-140.

❸ 梅奥进行该项实验的地点位于美国芝加哥西部电器公司所属的霍桑工厂，因此得名"霍桑实验"。

益并不是唯一的激励因素，还有其他一些因素综合作用于雇员的工作积极性之中，如工作氛围、被他人重视、受到的尊重、被团体接受等。梅奥的"霍桑实验"拓展了激励理论对雇员激励因素的研究范围，换言之，雇员主观能动性的发挥和具体行为的实施不仅只是受到物质收益获取欲望的驱动，还依赖于一些感性因素、心理需求等精神因素的作用。❶ 物质就此变得不再是唯一的激励途径，至于管理学激励理论与经济学激励理论也就此依据自身的研究内容与方法，各自开发出知识创新激励理论的前进之路。

二、管理学中的知识创新激励理论

管理学中的知识创新激励理论是在经验总结和科学归纳的基础上形成，从个体需求、目的和动机等方面研究与分析雇员创新积极性和工作热情的促进作用。按照激励问题侧重面的不同及其与行为的关系不同，可划分为以下不同类型。

（一）内容型激励理论

内容型激励理论是行为主义学者从个人需求角度对激励因素问题的研究，其核心是找出促使个体积极工作的具体因素，即研究激发个体行为动机的影响因素，理论聚焦于动机的内容，而非过程。其中，最常见的内容型激励理论主要包括以下几种。

（1）马斯洛（Maslow）的需求层次理论。❷ 将个体的基本需求按重要性次序归纳为：生理需求（Physiological needs）、安全需求（Safety needs）、社会需求（Social needs）、尊重需求（Esteem needs）和自我实

---

❶ [法] 埃哈尔·费埃德伯格. 权力与规则——组织行动的动力 [M]. 张月，等译. 上海：上海人民出版社，2005：27.

❷ [美] 亚伯拉罕·马斯洛. 动机与人格 [M]. 许金声，等译. 北京：中国人民大学出版社，2007.

现需求（Self-actualization needs），这五种需求只有处于前列的、更为重要的需求得到满足后，才能产生处于后列的需求，需求层次与激励因素相互关联，只有处于相应层次的需求才显出激励作用，已经得到满足的需求激励作用减弱。

（2）赫茨伯格（Herzberg）的双因素理论。❶ 运用实证调查与分析的方法，对影响雇员工作积极性的两种主要类型的激励因素进行归纳总结，其中能够让雇员感到满意的大多都是属于工作本身相关的内容，被称为"激励因素"；而让雇员感到不满的大多都是属于工作环境或关系等主体工作之外的内容，被称为"保健因素"。激励因素是能够满足雇员自我实现需求的因素，主要包括：受重视程度与认同感、荣誉感、自我成就、成长与发展机会、责任感等。保健因素是维持雇员工作状态的基础性因素，主要包括：政策措施、管理与监督水平、企业文化、工作环境、人际关系、经济收益等。当保健因素水平下降至雇员无法接受的水平时，便会对工作产生不满意态度，与此同时，当保健因素水平处于高位时，它只能在一定范围内减轻雇员的消极态度，而不能由此让雇员产生积极态度。也就是说，当保健因素水平较高而激励因素水平不高时，雇员的工作态度很可能处在既不是完全积极上进，又不是完全消极对待的中性状态。

（3）阿尔德福（Alderfer）的 ERG 理论。❷ 实际上是将马斯洛的五种需求层次缩减为三种，按需求层次由低到高排序依次为生存需求（Existence）、关系需求（Relatedness）、成长需求（Growth）。他认为需求越未得到满足，则越希望得到满足；低层次的需求满足感高，则对较高层次的需求期望值越高；较高层次需求满足感低，则对较低层次的需求期望越强烈。

---

❶ [美]赫茨伯格，等. 赫茨伯格的双因素理论［M］. 张湛，译. 北京：中国人民大学出版社，2009.

❷ Clayton P. Alderfer. An empirical test of a new theory of human need［J］. Psychological Review，1969（4）：142-175.

(4)麦克利兰（McCelland）的成就需求理论。认为成就需求（Need for achievement）、亲和需求（Need for affiliation）、权力需求（Need for power）是个体的根本追求。其中，成就需求对个体的动机与行为选择具有重要影响，成就需求越高，个人成长就较快。因此，企业、组织的发展，国家、社会的发展通常有赖于更多重视成就感的人。

（二）过程型激励理论

过程型激励理论学者认为，仅用需求的追求并不能对个体的所有行为进行合理说明，个体需求与相应行动的实施并不成正比，于是，这些学者在研究中将其中的心理变化作为切入点，对个体需求产生、动机形成、行为实施中的心理变化与作用进行研究与分析。主要研究成果有以下几点。

（1）弗洛姆（Vroom）的期望理论。该理论认为，个体的最终行为并不是只由其具体需求而引发的，需求是否能够转化为具体行为还需要通过心理认知过程的判断，即当达到一定激励水平时才会产生具体的行为。只有当个体预期到某一行为能为其带来具有吸引力的结果时，才会采取特定行为实现该需求。具体激励效力是否能促进行为产生可用具体公式来进行评价，即 F（激励力量，Motive force）= V（效价，Valence）·E（期望值，Expectancy）。

（2）亚当斯（Adams）的公平理论。根据前文所述，弗洛姆的期望理论重点关注具体行为实施之前的决策过程，但未对行为结果的持续性影响进行分析，激励主体给予激励客体的物质激励并不等于激励客体需求的满足。事实上，在给予与满足之间还有一个重要的中介——利益分配的公平性。由此，公平理论主要探讨激励主体给予物质激励的合理性和公平性对激励客体工作绩效的影响。通常来说，激励客体可以通过横向比较（不同个体间比较）和纵向比较（同一个体激励前后比较）来判断所获物质激励的公平性。用具体公式来表示即为自身所得/自身投入＝他人的所得/他人的投入。

（3）洛克（Locke）的目标设定理论。该理论认为，具有某一目标的工作意向，是提高工作效率的主要源泉。目标指向性是个体动机产生的主要原因之一，目标具有诱导、引发个体动机或行为的作用，可作为管理手段激励个体行为产生。因此，对于个体行动而言，激励就是给定具体目标，具有明确且具体的目标便能激发个体的工作积极性，从而提高工作效率。❶

综上所述，过程型激励理论重点关注激励目标、工作绩效、个体满足这三个方面的内容，其中，期望理论的研究重点在于激励目标设定到工作绩效提高、工作绩效提高到个体需求满足过程中的心理变化，考察需求吸引力与实现需求可行性之间的作用形式；公平理论的研究重点在于激励结果的考量，即利益分配方式、利益分配公平性与个体需求满足程度的关系等；目标设定理论的研究重点在于激励目标的性质、特征及其可利用性的研究。由此可见，将三者结合起来就能形成统一的目标—绩效—满足过程的激励。

（三）行为矫正型激励理论

行为矫正型激励理论是以已经产生的行为为视角，对外界刺激对具体行为实施的作用效率进行研究，指出因外部刺激而产生的具体行为一般会出现重复选择或实施的现象，主要有以下研究成果。

（1）斯金纳（Skinner）的强化理论。个体的行为会呈几何函数式的频率应对其受到的某个具体刺激措施，若刺激措施能够满足个体的某些需求或个体判定该刺激措施对自身有利的情况下，与该刺激措施相对应的具体行为就会重复出现，若刺激措施不能满足个体需求或个体判定该刺激措施对自身不利或者没有意义，则与该刺激措施相对应的具体行为就会逐渐减弱直至完全消失。鉴于此，激励主体应当采取

---

❶ [美]J·史蒂文·奥特，等.组织行为学经典文献（第三版）[M].王蔷，等译.上海：上海财经大学出版社，2009：182-195.

各种强化方式,在组织预期目标的引导下促使激励客体行为不断重复出现,其中,依据强化方式的性质与目的不同,可分为正强化(激励行为反复实施)与负强化(约束行为禁止实施)。

(2)魏纳(Weiner)的归因理论。该理论通过对个体行为出现的特征的分析与研究,忖度其具体的心理状态,并分析个体行为对受到的刺激或激励产生积极反应的具体原因。魏纳认为,努力、能力、机遇和难度是影响个体成功或失败的四个主要因素,具体来说,个体将需求是否得到满足归因为受到何种因素的作用,会影响其将来的工作热情和工作效率的激励效果。

(3)心理学的挫折理论。前文所述激励理论是在个体已经完成组织或个人目标的基础上,剖析激励个体完成目标的具体原因和影响因素。然而,个体行为的实施并不意味着需求的满足或目标的实现,在个体产生动机与具体行为时还会受到多种要素的制约和影响,其中,遭遇挫折是难以避免的。心理学挫折理论的侧重点在于分析挫折的来源,考察个体受挫后的行为,以对其进行及时预防与处理。

(四)综合激励理论

(1)波特(Porter)—劳勒(Lawler)的综合激励理论。该理论认为,激励措施的实施与工作绩效的提升并不是传统意义上的简单因果联系,只有对激励目标、激励制度、激励内容、利益分配公平性、组织分工等诸多因素进行综合考量,并时刻留意工作进程中个体需求与满足程度的变化与反馈,才能有效提升激励绩效,可以说该理论是对激励系统较为全面与恰当的描述,并将工作成果与个体满足直接连接,认为合适的激励制度下工作成果应当与个体满足相一致。

(2)豪斯(House)的综合激励理论。该理论尝试将上述所有管理学中基于知识创新的激励理论有机结合成为一个统一的理论,将内部、外部、过程、行为等激励因素都归纳进去。强调工作本身效价的内激励作用,突出个体完成工作的内在期望值与效价,与此同时,还兼顾因工作完成而获取额外物质回报所引起的激励，对激励制度的构建思路具有较大启迪。

三、经济学中的知识创新激励理论

经济学的创新激励理论是在"理性经济人"假设的前提下，利用逻辑推理、模型构建等研究方法而从事相关研究，即在特定条件下，设计出一系列以维护雇主利益为主要目标的企业创新管理制度。事实上，知识创新的激励并不是经济学界最初关注的主要问题。早期经济学理论依附于"理性经济人"的假设，由此可知，在完全竞争的市场中雇员理性的追求物质收益最大化，与此同时雇主理性的追求成本最小化或利润最大化。因此，对完全竞争环境中定价理论的研究完全不需要探讨对雇员的激励问题。❶ 根据前文所述，泰勒主张的"胡萝卜"的钓饵，即物质收益的刺激或多或少都会产生作用，于是经济学家的主要研究重点在于如何制造出一个无往不利的"大棒"，即科学管理制度。因此，新时期经济学路线的知识创新激励理论主要围绕两个假定出发进行推论：一方面，当物质激励增多时，个体工作就会更加努力。因此，设计合理的奖酬机制是激励个体创新的重要手段，而市场的平均工资水平是雇主提供的物质奖酬能否达到激励效果的重要参考点。另一方面，当奖酬确定时，个体就会想方设法逃避应完成的工作。因此，设计有效的监督和惩罚（负激励）机制是知识创新激励的重要手段。

委托—代理理论是由莫里斯（Mirrlees）、威尔森（Welson）、霍姆斯特姆（Holmstrom）、罗斯（Ross）、格罗斯曼和哈特（Grossman & Hart）等人通过相关的数学模型分析共同提出并逐步完善的。❷ 委托—

---

❶ [法] 让-雅克·拉丰，大卫·马赫蒂摩. 激励理论（第一卷）：委托—代理模型 [M]. 陈志俊，等译. 北京：中国人民大学出版社，2002.

❷ R. Wilson. The structure of incentives for decentralization under uncertainty [J]. Incentives La Decisoon，1969（2）：287-307.

代理理论即激励性合同机制，使代理人与委托人的效用均实现最大化。该机制的设定必须综合考虑委托人与代理人双方因素，并同时满足三个条件：第一，激励与约束并存；第二，双方均参与约束；第三，委托人向代理人支付报酬后所获得的效用以原合同为准，不因其他效用更高或更低的合同而改变。❶ 伦德纳和罗宾斯特恩（Radner & Rubbinstein）采用重复博弈模型发现当委托人与代理人的工作关系维持时间较长，委托人可根据以往观测到的相关变量推断代理人的工作绩效，从而重新设计代理人的激励合同，避免其通过逃避应完成的工作而提高自己的福利。委托—代理理论中关于动态激励及隐性激励机制的研究成果主要有两类模型，即代理人市场声誉模型和棘轮效应模型，主要是根据单一工作的代理人自身的行为特点与工作效率来设计相应的激励机制。此外，迈耶和维克斯（Meyer & Vickers）在声誉效用模型与棘轮效应模型中引入"相对业绩比较"因素后，证明两种模型下的激励机制起到了截然相反的作用。

标尺竞赛理论是由谢雷佛（Shleifer）、格林和斯托凯（Green & Stokey）、纳勒布夫和斯蒂格里兹（Nalebuff & Stiglistz）、拉兹尔和罗森（Lazear & Rosen）等人共同提出的。通过将类似条件下的不同代理人的绩效进行比较，在一定程度上能够较为客观地衡量代理人的工作努力程度。值得注意的是，在设置代理人的起始绩效时，需要综合考虑类似条件中代理人的起始绩效水平、该起始绩效的挑战性和预期激励程度等内容，才能合理设置具有竞争性的标尺，进而涉及具体的奖惩激励制度。

在哈里斯和雷维夫（Harris & Raviv）、格罗斯曼和哈特（Grossman & Hart）研究成果的前提下发展完善的证券设计理论，通过构建投票与剩余索取权的匹配模型对激励方法与效果进行分析，认为优秀代理人

---

❶ Stephen A. Ross. The Economic Theory of Agency：The Principal's Problem [J]. The American Economic Review，1973，63（2）：134-139.

获得企业法人的一定控制权能够作为新的激励方法得以实施。❶ 将企业控制权与工作绩效相联系是激励代理人提高经营业绩的有效方式,真正承担经营风险的投票人具有选择代理人的权力,因此,经营业绩较差的代理人将会最终失去企业控制权。

第四节 上述理论在本研究中的适用路径

一、价值共创理论在本研究中的适用

价值创造是动漫产业发展中的核心问题之一,价值创造方式的变化导致动漫产业发展速度与模式的不同。动漫产业发展中涉及的主体主要有动漫作者、动漫企业、动漫消费者等,传统的激励思路认为,生产者是唯一的价值创造者,而消费者只是单纯的价值消耗者。❷ 根据价值共创理论,消费者、创作者等动漫产业的其他主体均是与生产者互动的价值共创者。价值共创理论在动漫产业发展机制中的适用体现在:通过让消费者参与价值共创,帮助创作者、生产者提高服务质量、降低成本、提高效率、发现市场机会、发明新产品、改进现有产品、提高品牌知名度等,这些因素构建了动漫创作者与生产者独特的竞争优势。而消费者通过参与价值共创,可以获得满意的产品、成就感、荣誉感、奖励或独特的体验等,与此同时,消费者的这些收获又进一步对动漫创作者与生产者产生影响,如提高顾客的满意度、忠诚度、购买意愿

---

❶ S. Grossman, O. Hart. One share vote and the market for corporate control [J]. Journal of Fiancial Economics, 1988 (20): 175-202.

❷ Gronroos, Voima. Critical Service Logic: Making Sense of Value Creation and Co-creation [J]. Journal of the Academy of Marketing Science, 2012, 41 (2): 133-150.

等。例如，动漫产品（尤其是游戏）测试服务是日本与美国动漫企业广泛采用的3D动漫技术研发方式，贯穿于项目评估、3D技术开发、初期版本、3D技术与版本修订等多个阶段，主要内容是邀请真实用户参与3D动漫技术研发，发现技术缺陷，评估技术实用性，对动漫游戏的画面感、游戏性能、可玩性、市场前景等做出全面测试报告。在此过程中，通过让消费者参与动漫游戏测试，帮助技术人员、营销人员和企业决策人员发现市场需求、改进现有思路、提高专利申请效率、提升专利价值等，构建企业独特的竞争优势。而消费者通过参与价值共创，可获得经济奖励、成就感和独特体验。

与传统价值创造模式相比，价值共创理论在品牌共创、市场定位与细分、开放式创新等方面都具有显著的优势。❶在市场经济环境下，消费者需求日益渗透到动漫产业发展的各个环节，动漫产业发展中各主体互动的复杂性和关联性也将继续强化，价值共创理论也将更加显现出其现实价值。因此，动漫产业政策对价值共创理论的运用不应只是一种抽象的管理思想，更可以成为可实施的激励措施。

然而，自我国启动动漫产业政策实践以来，政府重点致力于对单一主体的政策支持，对促进各主体间相互结合、共生共赢的政策关注较少。并且，长期以来政府主要以企业为视角进行政策制定与完善，忽略了通过利用消费者的价值创造来达到政策目标。因此，充分发挥价值共创理论对动漫产业政策实践的理论启示和实践价值，整合更周延的价值创造途径是当下动漫产业政策优化的新思路。

二、基于工具主义的知识产权理论在本研究中的适用

作为文化产业重要组成部分的动漫产业既具备文化产业的共性，又

---

❶ S. L. Vargo, P. P. Maglio, Melissa Archpru Akaka. On value and value co‐creation: A service systems and service logic perspective [J]. European Management Journal, 2008, 26 (3): 145-152.

具有前期投入成本高、产品创新性强、后期利润回报高和运营风险性强等特点，其中，创造性和创新性是其核心价值。与此同时，动漫知识产权成果的可复制性、无体性和易扩散性等特点使其在创造出来后易被多种载体无限制地复制与广泛传播，知识产权侵权成本较低，而动漫创作者与生产者排除侵权行为的有效手段较少，维护自身合法权益的投入较大，动漫原创作品带来的巨大价值难以实现。因此，只有完善知识产权相关法律与政策，赋予动漫创作者与生产者相应的法定权利，加强执法力度，激励动漫作品创造与技术研发，维护动漫价值链参与主体的权益，促进原创动漫产品的转化与运用，才能从根本上维护动漫产业的良性发展。知识产权制度在维护动漫创造者特权，规范动漫知识产权成果的保护与合理、规范使用，促进动漫产业作品创新、技术升级、文化繁荣、产业蓬勃发展，保障动漫产业知识与经济效益等发挥着十分重要的作用。基于工具主义的知识产权理论在动漫产业价值共创中的适用性主要包括以下两个方面的内容。

一方面，动漫产业创新性与知识产权。以创意为核心的动漫产业，其可持续发展的动力在于不断创新与创造，源源不断的创意为动漫市场的繁荣提供新的原创动漫产品和服务，促使动漫知识产权成果的更新与升级。将动漫创意进行合理开发后形成的创新性成果即知识产权的客体，它通常具有无形性、非物质性和创新性，而知识产权是动漫创新性成果产权化的表现，是动漫产业发展与进步的核心资产。从最初动漫形象的设想与构思、作品成形、产品生产，直至动漫衍生品设计、研发、营销与推广，知识产权制度特有的创新激励效应与收益保障机制对动漫产业链各阶段与环节都产生重要影响，由此可见，动漫产业创新性决定了对自主知识产权开发的激励既是动漫产业发展的关键，也是动漫产业稳定、持续、快速、健康发展的保障。

另一方面，动漫产业高投入、高利润、高风险性与知识产权。动漫产业具有知识与资本密集的特点，前期投入要求较高，产业链较长，增长潜力较大，后期收益较高与经营风险较大等特性使得动漫市场运行中的各相关主体为减少或规避动漫产品研发与经营风险而积极寻找与之相关的制度支持。知识产权的基本工具性作用就在于利用无形产权实现对相关产品与服务的支配，从而达到对整个市场运行状态进行调节的目标。利用知识产权制度赋予动漫创作者与生产者在一定期限与范围内对其创造的动漫产品的法定权益，对于具备自主知识产权的动漫技术、作品、商标等，动漫创作者与生产者享有独占性地使用权，能够有效刺激动漫权利人积极开拓市场，回收创作与生产成本，并取得与动漫产品利用率相对应的利润。深化基于工具主义的知识产权理论研究，不断与时俱进地发展与完善动漫产业相关的知识产权制度，不仅有利于促进动漫从业人员、动漫企业挣取知识创新的高额利润，还能有效分散或降低各种侵权行为与动漫市场不确定性引发的经营风险，从而激励动漫创作者与生产者持续进行下一轮动漫创新活动。

三、基于知识创新的激励理论在本研究中的适用

基于知识创新的激励理论在价值共创下动漫产业知识产权激励机制研究中的适用性和正当性主要体现在以下几个方面。

第一，能够充分调动动漫从业人员的工作热情，在一定范围内影响动漫企业人力资源开发与利用水平。动漫从业人员对自身的劳动力资本拥有"自然垄断"，也就是说，劳动力资本由动漫从业人员天然地控制着。与物质资本不同的是，劳动力资本无法与它的所有者分离，所以，在动漫产业发展中，动漫从业人员天然地掌控着自身劳动力资本在使用过程中的作用方向、范围和强度等。鉴于此，为了组织预期目标的实现，需要将动漫从业人员（包括创作者与生产者）的个人目标与组织目标统一，促使其行为在做出较多贡献的同时制造较少的风险，而相应的激励措施就成为推动动漫从业人员，乃至动漫产业创新的重要一环。

第二，有利于实现动漫市场各相关主体的利益均衡，达成动漫企业

健康、稳定、可持续发展的目标。在动漫企业的经营活动中，涉及与政府、消费者、创作者、普通雇员、经营者、其他动漫企业、其他相关行业、社会经济发展、文化繁荣等各种复杂关系。这些关系之间矛盾的产生与解决直接影响到动漫企业的创新效率与持续稳定发展，而这些矛盾一般与动漫企业内、外部各经济主体的利益有关，因此，要想协调好上述各种复杂关系，主要依赖于动漫企业对知识产权价值与收益分配的制度性安排，而其核心构成要素之一就是关于知识产权创新的激励机制。

第三，现代动漫企业创新的关键是提高效率，而激励机制的科学构建与高效运行能够有效解决动漫创新效率问题。基于知识创新的激励机制能为动漫产业的创作者、管理者和普通雇员提供合理动机，促使其在工作中的主观能动性、创新积极性均得到有效提升，使得动漫产业宏观目标最大化实现。与此同时，也为动漫企业的决策、调节、信息交流等动漫企业运行机制的合理构建与有效实施起关键作用，可以设想一个不存在激励机制的动漫企业较难拥有理想的创新效率。

第四，激励机制的构建与实施对动漫企业在激烈的动漫市场竞争中的经营现状与未来发展潜力具有重要影响。动漫企业经营情况受到其面对挑战与机遇时的应变与适应能力的影响，而这通常又由动漫企业的产权制度、利益分配制度和技术创新与转化制度等因素决定。产权制度发挥着重要的激励作用，合理、科学的产权制度可以将外部效应转化为内在化驱动的激励；利益分配制度本身就是动漫激励机制的重要组成部分；从某种意义上来说，动漫企业的技术创新与转化制度在企业管理者和雇员中的有效调节与利用在一定程度上也具有激励效能。从这个角度看，一方面，产权制度、利益分配制度，以及技术创新与转化制度应当成为激励机制的重要内容；另一方面，激励机制在一定程度上成为其是否产生效能的基础，从而影响着动漫企业创新的效率与进程。

第五节　本章小结

　　本章的核心内容是阐述价值共创下动漫产业知识产权激励研究的理论基础。为后续工作提供理论支持、奠定理论基础。首先，本章阐述了价值共创理论，本书激励机制是基于价值共创视阈构建的，因此必须重点介绍价值共创理论的内涵、特点、学界与实践研究现状等。其次，介绍基于工具主义的知识产权理论，激励问题是基于工具主义的知识产权理论中一个很重要的方向，本章对知识产权理论发展进行概括，综述基于工具主义的知识产权理论的体系结构，介绍不同时期基于工具主义的知识产权理论的内涵和实践作用。再次，介绍基于知识创新的激励理论的基本概念，对经典激励理论进行分类综述并做了述评，有利于后续研究的针对性，使我们对基于知识创新的激励理论以及它的发展和应用有一个总体认识。最后，本章对价值共创理论、基于工具主义的知识产权理论和基于知识创新的激励理论在本研究中的适用性进行分析，这样做的目的是因为价值共创下动漫产业知识产权激励研究涉及多学科、多角度、多层面，不单单是其中一个学科的一个问题。

第三章 价值共创下动漫产业知识产权激励机制构成要素

激励机制的构建是指激励主体以组织预期目标为基础,根据激励客体的特点与需求规划相应的激励制度与方法,完善激励客体人力资源优化配置,在实现激励主体的组织利益的同时,使得激励客体的个人利益达到最大化。鉴于此,价值共创下动漫产业知识产权激励机制主要包含四个部分的构成要素,即激励对象、激励目标、激励制度与激励方法。只有将这四个要素合理结合,才能构建健全、完整的激励机制,以激发激励客体的创新意识,提高激励客体的工作绩效,对其需求、目标、动机和具体行为产生引导、规范和制约的影响。

第一节 价值共创下动漫产业知识产权激励对象

学界以激励为视阈对知识产权制度的主要功能进行探讨的研究相对较少,然而,强制性的法律规范并不能充分保障社会秩序的和谐,在法治环境下,知识产权制度只能引导而不能强迫个体实施社会所希望的行动。❶ 对个体的具体行为而言,知识产权制度的激励作用在于通过制

---

❶ 具体理论参见:付子堂. 法律功能论 [M]. 北京:中国政法大学出版社,1999:68. 张维迎. 信息、信任与法律 [M]. 上海:生活·读书·新知三联书店,2003:63.

度影响个体行为选择的动机，促使个体实施的具体行为符合社会大众所要求和期望的公共利益，形成和谐的发展秩序。价值共创下动漫产业知识产权激励的最优效果在于，利用强制性的动漫产业相关的知识产权法律规则或政策规范，实现自发性的激励，进而调节整个动漫价值链参与主体的行为，改善动漫产业的价值创造和经济发展现状，或者说，通过一系列预先设定的具体规则，让动漫价值链参与主体产生想要做什么的普遍激励，实现个人利益与社会利益的统一。❶

对于价值共创下动漫产业知识产权激励问题的研究，首先要对激励机制的实施对象或范围进行考察，在明确具体的实施对象或作用范围的基础上，对价值共创下动漫产业知识产权激励机制研究的整体框架进行构建，进而对价值共创下动漫产业知识产权激励机制构成要素、影响因素、运行模式等展开进一步研究，最终确立价值共创下动漫产业知识产权激励机制的理论本体，并为价值共创下动漫产业知识产权激励机制实践问题的分析提供基础支撑。在对前文所述的价值共创理论、基于工具主义的知识产权理论和基于知识创新的激励理论进行综合分析后，我们认为价值共创下动漫产业知识产权激励机制中，理想上的激励对象与实际上的激励"作用点"有一定偏差，对激励对象与激励"作用点"的细致区分将引领我们更加深入地分析该激励机制的构成要素。❷

一、理想上的激励对象——价值共创行为主体

一般意义上的"对象"是指"个体在行动或思考时作为目标的人、

---

❶ 陈彩虹. 法律：一种激励机制 [J]. 书屋，2005（5）：58-65.

❷ 此处的"作用点"除了体现"产生具体影响的着力点"，还兼具理论支点和原点等多层意义。

组织或事物"。❶ 在管理学激励理论中，管理的"对象"是受制于管理者的，被管理者调节、规范，并处于被动地位的个体，通常也将"激励对象"看作"激励客体"，"激励机制"一般是指激励主体利用激励因素对激励客体的具体行为进行调节的机制。❷ 在经济学激励理论中，激励对象通常是指代理人。❸ 在价值共创理论中，激励的对象可以理解为价值共创参与者，包括消费者、创作者、生产者，以及其他中介、组织或普通行政人员等。在基于工具主义的知识产权理论中，狭义上的激励对象通常被视为知识产权拥有者和潜在的知识产权创造者，而广义上的激励对象可以延伸到所有创造、保护、利用知识产权的社会公众。与此同时，在其他相关理论中，我们也可以发现对"激励对象"概念的理解，如心理学理论中的"激励对象"被视为所有作为社会成员的人。具体到组织行为学或管理心理学中，通常将激励对象视为企业或组织中的雇员、组织成员等。❹ 教育学理论的激励对象就是学生，即受教育者。❺ 综上所述，不同理论在处理"激励对象"这一概念时，通常都以心理学中一般的"人"的意识为基础，转化为各自理论中具体的、受到激励的行为主体，其他本书未论述理论在应用激励理论时，

---

❶ 中国社会科学院语言研究所词典编辑室. 现代汉语词典（修订本）[M]. 北京：商务印书馆，1996：320.

❷ 陈光旨，等. 从复杂性科学看管理——主客体管理思维 [M]. 桂林：广西师范大学出版社，2007：4.

❸ 此处的代理人主要是指经济学理论视阈下，在经营活动中掌握私人信息的个体，而非法律规定中的代理人。具体理论参见：[法] 让-雅克·拉丰，大卫·马赫蒂摩. 激励理论（第一卷）：委托—代理模型 [M]. 陈志俊，等译. 北京：中国人民大学出版社，2002. [荷兰] 乔治·亨德里克斯. 组织的经济学与管理学：协调、激励与策略 [M]. 胡雅梅，等译. 北京：中国人民大学出版社，2007. 陈钊. 信息与激励经济学 [M]. 上海：上海三联书店，上海人民出版社，2005.

❹ 具体理论参见：彭四平，董恒庆. 激励心理学——人类前进的推动器 [M]. 武汉：湖北人民出版社，2006. 崔丽娟. 心理学是什么 [M]. 北京：北京大学出版社，2007.

❺ 李祖超. 教育激励论 [M]. 北京：中国社会科学出版社，2008.

也大多秉承这种思路。❶

由此我们认为，价值共创下动漫产业知识产权激励对象应当是动漫产业知识产权价值创造、变更、消灭过程的参与者，即价值共创行为的主体，主要包括动漫创作者、生产者和消费者。为了能够完全准确地反映出价值共创理论下知识产权制度发挥激励功能的特殊性，并提高对价值共创下动漫产业的知识产权激励对象特殊性的认识，应当明确动漫产业知识产权价值共创行为主体的类型主要包括个人（自然人）、集体和组织（法人）、政府部门。具体说来，激励对象有漫画家、动漫形象设计师、配音员、动漫影视观众、动漫衍生品购买者、动漫技术研发团队、原创动漫企业、动漫衍生品生产企业、行业协会，等等。

二、实际上的激励"作用点"——"自然人"

价值共创下动漫产业知识产权激励对象的复杂性、多元性和层次性，使得理想上的激励对象与实际上产生激励效果的作用点通常存在一定偏差，如激励对象是企业法人或政府部门的激励机制在运行过程中，是其中具有相关职责的个体（自然人）而非企业法人或政府部门本身对激励制度或方法产生具体应对行为。因此，理想上的激励对象和实际上的激励作用点之间具有二元结构，具体说来，动漫产业知识产权价值共创行为主体是激励对象，而该行为主体中的个体（自然人）是激励机制产生具体影响的作用点。其中，抽象的价值共创行为主体（激励对象）中具体的个体（激励作用点）即为法律上的"自然人"，也就是"在自然规律下出生"❷"有血肉之躯和生命"❸ 的人类。

---

❶ 将行为主体明确作为激励对象，有助于与激励效果相区别，例如，我们一般会说知识产权制度激励经济发展，但是经济发展并不是知识产权制度激励的对象，而是知识产权制度激励行为主体所产生的效果。

❷ 魏振瀛. 民法 [M]. 北京：北京大学出版社，高等教育出版社，2000：50.

❸ 梁慧星. 民法总论（第三版）[M]. 北京：法律出版社，2007：58.

明确将"自然人"视为价值共创下动漫产业知识产权激励功能发挥效果的作用点,原因在于,其一,"自然人"可以呼应不同学科激励理论中的"人"的概念,如管理学的雇员、经济学的代理人等。其二,价值共创下动漫产业知识产权激励机制的构建包含激励制度与激励方法,激励制度主要是从宏观层面建立具有普遍适用性、持续性的规范,作用对象可以包含个人、企业、政府部门等,而激励方法主要从微观层面设计具有差别适用性的规范,如对知识型雇员和一般劳动力雇员采用不同激励方法,激励方法的作用对象一般为"自然人"。其三,我们在此讨论激励机制时,需要考察该作用点在激励理论中的特点、性质和理论假设等内容,因此,对"作用点"这一概念的选择不仅需要反映出价值共创理论基础下动漫产业知识产权激励机制产生效用的直接对象,还要关注管理学和经济学理论中"经济人""社会人""复杂人""自我实现人""X理论""Y理论""超Y理论"等人性假设与直接作用对象本质的认识相呼应,作为价值共创下动漫产业知识产权激励机制的理论基础。❶

第二节 价值共创下动漫产业知识产权激励目标

弗洛姆认为,目标的设定是激励机制发挥效用的前提,目标在激励机制中的功能在于给予激励客体实现某种需求的行动欲望。❷ 为激励客体拟定合适的行为目标,在激励与约束的双重作用下,对激励客体的动机与行为进行引导,进而提高激励客体的工作绩效。激励目标作为

---

❶ 彭贺.人为激励研究 [M].上海:格致出版社,上海人民出版社,2009:61.吴晓义,杜今锋.管理心理学 [M].广州:中山大学出版社,2006:26-27.

❷ Victor H. Vroom. Work and motivation [M]. NewYork:Wiley, 1964.

价值共创下动漫产业知识产权激励机制的主要构成要素之一，具有诱发、引导和激励的作用，在具体激励目标的制定中，应充分考虑政治经济环境、民族文化传统、动漫企业实际条件、工作性质及雇员个体差异，将组织目标融入个人目标和期望之中。

一、激励机制的强度取决于组织与个人目标的协同

根据前文基于知识创新的激励理论的论述可知，在赫茨伯格和弗洛姆构建的激励模型的前提下，豪斯和迪尔等人对激励强度的计量公式进行完善，具体而言，激励强度＝工作内在激励＋工作完成激励＋工作结果激励。[1] 价值共创的创新效应是在其复杂系统运行过程中，通过各子系统分工协作而最终达到超越各子系统单独运行功效的价值共同创造，结合上述激励强度公式可知，价值共创下动漫产业知识产权激励的强度取决于个体取得的工作绩效（组织目标）和以此而得到个体需求满足（个人目标）的相关联程度，关联性越大，激励强度就越大，反之就越小。

激励主体为实现自身组织目标，需要对激励客体制定合适的激励目标，以正确把握和运用激励方法提高激励客体的工作绩效和激励主体的整体经营绩效。对于不同个体来说，同一激励目标具有不同的价值，激励目标价值的确定与个体所处的环境、时间、地点、文化意识、科技与经济发展水平、思想素质、道德标准等有关。与此同时，个体对目标可行性与需求度的考量通常在一定界限内不断波动，当个体对可行性与需求度估计过高，最终目标难以实现，则极有可能挫伤个体继续进行下一轮工作的动机；当个体对可行性与需求度估计过低，则会精神懈怠，逃避工作，对工作积极性持续减弱。因此，总的来说，个体对目标可行性的预期期望与预期结果差距越小，激励强度越大，反之则

---

[1] 金朝萍. 有效激励：层次性和动态性 [J]. 浙江学刊，2004（3）：219-221.

越小。

综上所述，激励目标对激励机制强度的影响主要存在两种情况：一方面，整体效用一致性，即当激励目标可行性与个体需求度相适应，此时组织目标与个人目标的效用一致，激励强度呈现稳定上升态势；另一方面，边际效用递减，即当激励目标可行性较低，或者伴随个体需求的满足，已经达到的激励目标将逐渐不起作用，激励强度也随之逐渐下降。通常情况下，当个体的心理预期和具体需求未得到满足时，会引发强烈的动机，发挥主观能动性尽可能满足需求目标。而当该激励目标已被满足的情况下，相对应激励因素的作用也会逐渐降低直至消灭，在此基础上，个体形成新的、更高层次的需求与目标，进而相应的激励因素也得以出现。

二、自组织是完善价值共创下动漫产业知识产权激励目标的根本途径

目标价值和期望概率是对激励目标的设计产生主要影响的两个因素，对激励目标进行最优设定的一般方法是将预先设定的不同的激励目标进行对比，结合目标价值与期望概率的考察择优确立。但这种基于对比的激励目标制定过程有时准确性较低或者复杂性较高，所以，需要根据某个科学合理的方法或模型对不同激励目标经过统计分析得出一定的权重值或标准系数，而激励目标设定的最佳方案就是其中权重值最高者。❶ 动漫产业知识产权激励目标的制定涉及主体较多，范围较广，因此对政府与生产者、生产者与普通雇员、生产者与创作者、生产者与消费者、创作者与消费者之间等价值关系都要妥善处理，在达成组织预期目标的同时，个体目标也应当得到实现。一般来说，目标的诱导性与可行性成正比，个体在具体行为的选择中通常会优先完成可行性较高的目标，因此，有效的激励目标应力求使个体意识到自身对

---

❶ 徐元善. 略论现代领导系统的协同观 [J]. 地方政府管理, 2000 (7): 2-4.

实现该目标的期望以及较高的目标实现可能性。从作用范围、具体时间、实施对象和主要内容等方面考虑，激励目标包括宏观与微观、整体与部分、长期与短期等形式，在对具体激励目标进行设定时，还要关注与其相关联的其他激励目标，经过综合考量使个体激励目标对整体激励目标系统的运行产生协作与促进作用。

根据价值共创理论，在包含多个要素的动态系统中，在适当的时机、区域、方法等综合作用下，各要素间能够通过非线性的协作达到共创价值的效应，表现为和谐、有序运行的自组织结构。其中，激励机制的作用在于规范价值共创系统运行过程中的无序状态，促使其形成新的有序结构，系统中某个特定状态逐步增强形成优势状态，其他因素则受到抑制，各要素之间相互影响、相互协作，又相互制约，系统的所有部分最终都被拉向这个特定的有序状态。通常而言，动态系统的自组织功能越强，其构建和保持最优激励目标的能力也越强，因此，自组织是完善价值共创下动漫产业知识产权激励目标的根本途径。一般说来，在没有外部因素干预的情况下，价值共创系统的运行具有内在性和自生性的特点，内部各要素可以自主形成相应的实施效用或组织结构。自组织是价值共创系统运行追求的主要目标之一，它是对复杂系统内部诸要素的自主协同合作效应的综合反映。在自组织作用下，价值共创激励机制中各种促进因素之和被显著提高，促使整个系统制定和达成动漫产业知识产权创新的最优目标。根据系统论的整体性原理，动态系统的整体效应并非直接等于各内部要素运行效应之和，而是具有或大于或小于或等于各要素运行效应之和的可能性，因此，在一定条件下，激励机制的整体绩效关键在于各要素间的价值共创作用的实现，而自组织是价值共创运行的良性状态，也是完善价值共创下动漫产业知识产权激励目标的根本途径。

三、价值共创下动漫产业知识产权激励宏观目标

价值共创理论下的动漫产业知识产权激励的宏观目标主要是从国家层面，对各级政府部门、动漫企业、科研院所、普通消费者等激励客体制定的激励目标。此时，宏观激励目标以国家政策目标的形式得以显现。

政策科学理论认为，公共政策的实施都会面临政策的受益者与受损者的界定问题，因此，公共政策一般需要在各种利益冲突之间寻求均衡，以保证政策的有效实施和社会的和谐发展。动漫产业价值共创下的知识产权激励政策事关知识财产利益的分配和调整，其利益相关者主要包括动漫知识产权的创作者、生产者、消费者等，利益调整主要发生于消费者与创作者、生产者之间，体现为广大动漫消费者的社会利益同动漫知识产品创作者与生产者个体利益的利益整合，既要反映大多数动漫消费者的利益需求，又要兼顾保护动漫创作者、生产者等动漫知识产权权利人的合法利益。国家层面的动漫产业知识产权激励在于排除消极因素，将各利益方的矛盾尽量控制在较小范围内，保障动漫产业和社会秩序的稳定与发展。因此，价值共创下动漫产业知识产权激励宏观目标在于保护动漫知识产品创造者的合法权益，同时保障动漫知识产品在公共领域的合理利用、传播与扩散，在推动经济增长的同时，维护科学与文化繁荣的社会公共利益。鉴于此，为了有效实现该二元价值目标，应当在完善创新激励机制的前提下，充分考虑利益平衡调节机制，具体来说，有以下六个方面的内容：第一，激发动漫创作者的知识产权创新潜能；第二，提高动漫生产者的知识产权核心竞争力；第三，提升动漫消费者的知识产权意识；第四，促进动漫产业知识产权资源开发；第五，激发协同创新积极性，完善价值共创路径；第六，增强动漫产业市场竞争力，提升我国动漫文化软实力。

四、价值共创下动漫产业知识产权激励微观目标

价值共创理论下的动漫产业知识产权激励的微观目标主要是从动漫企业层面,对企业雇员、主要客户群体等激励客体制定的激励目标。

可以肯定的是,在现代市场经济社会中,经济因素对个体行为有着重要的影响,但单纯以奖酬刺激来激励个体工作积极性以实现组织目标无疑是片面的。在动漫企业激励机制实施过程中,不应固守传统的雇员收入最大化的激励目标定位,因为个体行为动机不仅来源于经济收入,还包括许多精神方面的需求。因此,动漫企业应当确定统一的激励目标定位,并在此标准的指引下,综合运用各种管理与激励方法,使雇员工作积极性提高,获得最优的激励效果。

根据社会协作系统学派的创始人切斯特·巴纳德(Chester I. Barnard)提出的"有限理性人"人性假设,❶ 个体只具有有限的决策能力和选择能力。❷ 因此,个体的需求多种多样,不同行为的动机与目的也千差万别,但人类所有行为的最终目的都可归结为对幸福生活的追求。本书认为价值共创下动漫产业知识产权激励的微观目标应该是使人幸福,动漫价值共创活动对创新主体激励目标的定位应是最大化创新主体的幸福感,动漫企业激励措施的制订和实施都应以是否能为雇员带来最大化的幸福感为基础。一方面,"有限理性人"人性假设决定个体无法利用精确计算成功追求经济收入最大化;另一方面,个体追求的终极目标并不是经济收入,而是精神上的幸福感。传统激励机制中,社会与企业所关注的焦点在于提高物质上的经济效益,而对精神上的幸福感较为忽视。然而,经济实力较强的人,幸福感并不一定高;幸福感

---

❶ 黄建军. 剖析 Simon 的有限理性理论 [J]. 理论月刊, 2001 (3): 13-15.

❷ Chester I. Barnard. The Functions of the Executive [M]. Cambridge: Harvard University Press, 1938: 36.

较高的人，经济实力并不一定强，经济实力与幸福感的获得并不成正比。受我国内敛型文化传统的影响，公众幸福与否只是个人的事情，他人不必也不应过多干涉；其实不然，幸福感较高的人，工作效率也会相应提高，创造力也更易于提升，而创造力与生产效率是动漫产业经济收益的源泉。因此，个体的幸福感可以为动漫企业，乃至整个产业、整个社会带来巨大生产力，与此同时，基于这些生产力提升而带来的幸福感又可以循环往复的传递与升华。黄有光认为，国家强盛与人民幸福之间的因果联系应当是人民幸福促进国家整体实力增强，而不是反之。❶ 心理学研究表明，当个体处于压抑与不愉快的状态下，容易导致注意力难以集中，行为错误率提高，工作效率下降，致使创造力无法发挥。鉴于以上论述，对于幸福感的追求不应只是普通雇员的需求，也应成为动漫企业的发展目标与责任，动漫企业应该让工作成为雇员幸福感的来源之一，动漫企业在激励机制构建与实施过程中，激励的目标定位也应从最大化雇员的客观福利——财富，转变为最大化雇员的主观福利——幸福感，最大化雇员的幸福感应成为动漫企业激励目标的新定位，也是动漫企业激励的最高目标。

第三节　价值共创下动漫产业知识产权激励制度

知识产权制度包括专利制度、版权制度和商标制度，其中商标创新是指企业依据市场变化和顾客需求，对商标识别要素进行新的组合，这里的商标识别要素主要包括商标的名称、标志、作为商标基础的产品（产品质量和包装）、技术、服务、商标的营销传播组合等。商标的每个识别要素都可以作为商标创新的维度实施创新，但是其中最基本

---

❶ Huang Youguang. Welfare Economics [M]. London：Palgrave/Macmillan，2004.

的维度是基础产品、技术以及由技术延伸出来的相关专利。产品创新是商标创新的基础，任何品牌创新，若没有产品创新的支持，就会成为无源之水；技术创新是商标创新的支撑，如果技术创新达不到市场需求，商标创新就不可能获得消费者的认同，从而丧失竞争优势。因此，本书对价值共创下动漫产业知识产权激励制度的探讨主要从动漫技术研发和动漫版权开发两个领域进行研究，商标制度对动漫知识产权的激励作用综合纳入专利制度和版权制度中进行分析。

一、动漫技术研发的知识产权激励制度——专利制度

"从古至今，对创新行为未能建立一个系统的产权是技术变化迟缓的根源。随着专利制度的建立，科研人员收益率与相应技术的社会效益率逐渐接近，激励技术研发的机制才能真正树立起来。"❶ 具体来说，笔者认为可以从以下三个层面探讨专利制度对技术创新的保护与激励作用。

（一）专利权归属制度激励创新者、模仿者与改进者的技术创新

专利权归属制度对符合专利权授予条件的专利权人在一定期限内赋予其对该专利技术的独占产权，使专利权人在专利有效期内具有独占实施与收益权，补偿技术创新者的研发投入，并促使其私人收益与利用该专利技术的社会收益相当，增强发明人的技术创新动机与投融资机构对科研创新的关注。但是，专利权的内容与效用并非毫无限制，专利权归属制度主要从专利长度、宽度和高度三个方面对技术创新激励产生作用，具体来说，主要体现在以下三个方面。第一，专利长度，即专利有效期。由于专利权人对该专利技术的一切权利在专利有效期限

---

❶ [美] 道格拉斯·C. 诺思. 经济史中的结构与变迁 [M]. 陈郁, 罗华平, 译. 上海：上海人民出版社，1994：12.

内才能得以实现,专利期限届满,则专利权失效,相关技术由专利技术转变为公共技术,任何单位或个人可以无偿使用,原专利权人的市场收益迅速下降,因此,专利长度对专利权人技术创新收益和市场竞争优势产生重要影响。第二,专利宽度,即专利权的实施范围。通过对专利权范围的界定,使得投入市场的技术与产品与拥有专利权的技术与产品相分离,一方面,对于专利权人来说,在一定程度上占据市场垄断地位,专利技术的市场收益得到提升;另一方面,对于模仿者来说,同专利技术与产品的相似度越高,侵权风险越大。因此,迫使模仿者利用迂回发明避免侵权,提高模仿者对原创技术的研发积极性,促使其向改进者和创新者转变。第三,专利高度,即专利授权的创新性标准。通过对技术新颖性、创造性和实用性的规定,将改进技术与原创技术相区别,在市场中实现高质量的创新型技术对原有专利技术的冲击,甚至替代。促使改进者与创新者提高研发投入、科研实力和创新积极性。由此可见,对创新者、模仿者和改进者的利益分配与调节,以及创新热情和效率的激励主要通过专利权归属制度中专利长度、宽度和高度的设计来实现。

(二) 专利权许可与转让制度激励技术利用与扩散

通过专利许可制度,非技术创新主体可以与专利权人协商一致进行市场交易,制定专利许可或转让契约以获取专利使用权或专利权,进而利用专利技术获得相应收益。首先,专利许可与转让制度使技术发明人直接获得收益,以补偿前期创新研发消耗资金和继续投资下一轮技术创新,激励专利权人的技术创新动机与利用效率。其次,允许具有技术产业化与商业化优势的个人或企业使用或拥有专利技术,实现技术资源的优化配置,激励专利技术的利用与扩散效率,实现专利权人、专利使用人,以至于社会公众的多赢效益。最后,技术创新者之间的交叉许可、技术研发风险投资,以及国家之间的技术引进有利于缩短技术差距,推动高新技术的研发与使用。

(三) 专利信息公开制度激励技术资源使用效率

通过专利信息公开制度，专利权人只有将技术信息进行公开才能获得专利权，以享有在专利有效期内对专利技术的独占权，而任何人都可以对被公开的专利信息进行自由合理无偿的使用。目前，世界范围内绝大多数专利技术成果的相关信息都会记录在专利文献之中，根据国家知识产权局的专利检索与分析系统可知，世界专利数据库中保存了时间跨度350年的超过9500万件专利文献，且专利文献的数量还在逐年增加。首先，技术发明人与社会公众之间专利权与技术信息的交换是对专利权人个体权益与社会公众权益的利益调节与平衡。其次，技术创新的基础之一是知识与技能的积累。[1] 专利文献具有集技术、法律与经济等信息于一体，数据量巨大，内容广博，信息更新速度快，格式统一规范且高度标准化，便于检索、阅读和实现信息化等特点，相关技术创新与管理人员可以利用专利检索与分析，降低技术创新时间、成本、风险等因素，对现有技术信息资源进行有效利用，具体说来，包括以下五个方面：第一，了解科技动态进行技术预测；第二，确定科研项目与课题，开发新技术、新产品；第三，解决科研难题；第四，收集与了解竞争对手情报；第五，贸易出口、技术引进、盒子并购、专利诉讼等方面的利用。最后，专利信息公开制度明确了专利权归属、范围、技术创新性等内容，使得专利技术的授权许可与转让制度的实行更加便利与清晰，减少合作研发、技术使用等情况下纠纷与矛盾的发生概率，提高技术资源使用与运行效率。

---

[1] Robert P. Merges, Richard R. Nelson. On the complex economies of patent scope in the sources of economic growth [J]. Columbia Law Review, 1990, 90 (4)：839-916.

二、动漫版权开发的知识产权激励制度——版权制度

版权制度的产生源于社会文化的发展,本质上是依靠产权实现激励个体的创造性活动的制度,借助于向版权的创作者与传播者赋予一定权利的方式,为其提供在智力成果的创造与传播过程中获取相关利益(包括物质利益与精神利益)的便利,进而促进整个产业,乃至整个社会的知识与文化的创造、传播、发展与繁荣。其激励功能主要体现在以下三个方面。

(一)对喜爱型创作者的激励

在现代市场经济环境下,部分创作者擅于创作,于是依靠版权创作与利用获取经济利益,作为自己主要的谋生手段,版权制度对这类擅长型创作者产生的激励作用主要体现在经济利益的保障方面。而对于传统创作者来说,经济利益并非其进行版权创作的初衷,自身的兴趣偏向与对创作的喜爱是其进行版权创作的主要动力,此时,版权制度对喜爱型创作者的激励作用更多体现为对其精神需求与人身权益的满足。事实上,版权制度对创作者的激励功能无形中包含物质激励与精神激励两个方面,而擅长型与喜爱型创作者只是根据自身偏好选择最能激发创作热情的激励因素予以接受,与此同时,其余的激励因素也在客观上对创作者的行为产生辅助影响,类似于前文所述赫茨伯格的双因素激励理论中的保健因素。对于擅长型创作者而言,动漫版权开发中的版权激励制度的实现形式较为简单,经济收益的提高是对其创作数量与质量产生影响的关键因素,因此,本书着重探讨版权制度对喜爱型创作者的激励作用。

一方面,帮助喜爱型创作者实现经济与生活上的独立,促使其向职业型创作者转变。物质条件是创作者生存与生活的重要保障,没有物质基础支撑,喜爱型创作者无法有效完成创作工作。在版权制度尚未

形成或确立初期，实践中许多喜爱型创作者只能在依靠他人资助的情况下完成创作，自身并无其他较为稳定的收入来源，无法实现经济与生活上的独立。例如，世界无产阶级和劳动人民的伟大导师，思想家、政治家、哲学家、经济学家、革命家和社会学家——卡尔·海因里希·马克思（Karl Heinrich Marx）在其思想研究与专著创作的重要阶段接受了好友弗里德里希·冯·恩格斯（Friedrich Von Engels）的经济资助，才顺利完成了《资本论》《共产党宣言》等重要著作。版权制度的逐步创立、实施与完善有效保障了喜爱型创作者的经济权益，摆脱他人资助的依附与从属地位，在实现经济与生活独立的同时，创作内容的独立性也得到增强。只有独立地位的确定，才有自由思想的发挥，喜爱型创作者才能将内心的真实想法、自身的个性与观点在作品中得到充分表达，而不需要考虑经济资助者的偏好，有利于版权作品的独立化与个性化发展，以促进整个社会文化的多样化繁荣。在此基础上，推动创作成为一种新兴的职业类型，使喜爱型创作者逐渐向职业性创作者的发展道路前进。

另一方面，对喜爱型创作者精神需求的满足。传统创作者的作品创作积极性主要受到"立言"（树立广泛传播与认可的思想与言论）的人生价值观与"名以文传"（著书立说以名闻遐迩）的创作观的激励，创作不仅是工作，更是精神追求与满足。根据前文基于知识创新的激励理论的研究，无论是马斯洛还是麦克利兰在其激励需求理论中都提到了尊重、成就等精神需求的重要作用。版权制度对喜爱型创作者精神需求的满足主要体现在以下三个方面：其一，对于喜爱型创作者而言，作品是其知识与思想的重要表达形式之一，是个人才华的展现。版权制度中的发表权、署名权、修改权、保护作品完整权等人身权益满足了喜爱型创作者展现自身能力与成就的精神需求。其二，社会公众对作品的喜爱、认可、质疑等信息反馈满足了喜爱型创作者对自身思想与作品获得尊重与承认的精神需求。其三，版权制度推动了作品的授权出版与发行，使社会公众阅读、欣赏该作品的概率得到显著提高，满足了喜爱型创作者对自身思想与作品广泛传播的精神需求。

(二) 对新兴作品投资商的激励

商业性投融资行为是市场经济发展的产物，有利于市场中有限资源的优化配置，具体到动漫产业主要具有两方面作用。其一，推动动漫版权作品的营销与推广。部分创作者精于动漫版权创作，但是仅凭一己之力难以制造舆论效应，提高版权授权与利用率，对动漫市场的认识与掌控能力较弱，版权创作与利益回报的抗风险与盈利能力不强，鉴于此，需要借助新兴作品投资商的营销与推广策略，保障版权创作的利益回报。其二，促进动漫作品版权的有效保护、利用与管理。部分创作者对版权制度本身以及自己创作完成的作品的版权在实践中应当如何运作都不甚了解，或者认为对版权的管理会耗费自身大量时间，影响版权作品创作工作，鉴于此，需要借助新兴作品投资商对版权制度与作品本身的成熟的业务经验，管理作品版权的市场运作环节。由此可见，新兴作品投资商的介入颠覆了传统的独立创作模式，现代投资创作模式逐渐兴起，与此同时，对于创作者人数较多的共同创作作品和以经济利益为导向的纯商业作品，新兴作品投资商的投融资行为通常具有重要或关键作用。新兴作品投资商参与动漫产业版权运作的根本目的就是对经济收益与市场效益的追求，因此，版权制度对其的激励功能也主要体现在物质激励方面。

以时下热门的动画电影作品为例，动画电影制片人是新兴作品投资商的主要类型之一，一部动画电影作品实际上是编剧、导演、画师、配音、技术程序员、词曲作者、演唱者、市场调研与推广专员等集体智慧劳动的集大成者，所有工作人员都为该动画作品付出了大量的脑力与体力劳动。然而，实践中一部动画电影作品有且仅有一个版权，该版权并非所有参与动画电影创作人员共有，而是仅属于制片人。究其原因，在动画电影作品的创作过程中，制片人有时并非动画电影创作的直接参与者，但是他一定是该动画电影作品的主要组织者，是前期资金筹集、人员配置、软硬件设施配备、动画电影策划和后期动画电影送审、营销、推广，乃至衍生品开发环节的重要决策者，因此，在版权制度中，对动画电影作品的制作人视为"创作者"，与传统作品的创作者享有同等权利。对动画电影作品的主要投资商，即制片人权益的有效保护可以激发有实力的新兴作品投资商参与原创动画电影的投融资、策划、组织与制作的动机，进而创作完成更多制作精良、质量上乘、人民群众喜闻乐见的集艺术品质与市场效应为一体的优秀动画电影作品，促进动漫市场与社会文化的繁荣。需要注意的是，版权制度对传统创作者的激励与对新兴作品投资商物质需求的激励其实并不矛盾，对新兴作品投资商权益的保护与激励并不会损害传统创作者或集体作品的直接创作者的权益，在某些情况下，传统创作者或集体作品的直接创作者虽未获得作品的直接版权，但是以约定或版权制度规定享有一定程度的无偿实施、署名、获得相应奖酬等权益。与此同时，对新兴作品投资商权益的保护与激励推动了集体创作模式的发展，有利于动漫市场版权作品类型与内容的多样化。

(三) 对作品公开与文化传播的激励

动漫作品创作的目的并不只是开发智力劳动，更多的是动漫文化的传播与分享。动漫作品与动漫文化可持续发展的基础在于融入动漫市场和社会文化，因此，动漫作品的公开、传播与分享是动漫作品创作与消费环节的中介，是动漫产业链与价值链运行过程中的重要环节，对动漫作品版权价值实现和创新激励起着关键作用。在版权制度创立之前，作品与文化也存在传播与分享过程，但是传播范围有限，传播速度缓慢，传播效率较低。版权制度的实施在激励动漫作品创作的同时，在促进动漫作品公开，推动动漫文化传播与分享更为广泛与高效方面发挥着重要的激励作用。

一方面，有效降低动漫作品公开的风险。动漫作品与文化进行传播与分享的基础与前提是动漫作品的公开。一般而言，将作品投入公共领域会对创作者的权益尤其是经济权益产生影响，根据前文基于工具主义的知识产权理论在动漫产业中的适用性研究可知，现代动漫作品的创作通常具有脑力与体力劳动投入高、相关资金与设备消耗大、创作总体成本高的特征，而对已创作完成的动漫作品又具有复制便利且成本较低的特征，因此，动漫作品一旦公开，将面临较大的侵权风险。产生这种动漫作品公开风险的主要原因在于：其一，动漫作品一旦公开则进入公共领域，属于公共产品的范畴；其二，随着科学技术的进步与发展，复制与传播动漫作品的方法与手段更加便利与多样化。通过版权制度中的发表权、信息网络传播权等权利的保障，有利于动漫作品创作者对自身作品公开时间、地点、方式等方面的掌控，并对动漫作品侵权行为的制止与处罚做到有法可依，有效降低动漫创作者公开作品的风险，以及维护自身权益的成本。在现代经济社会中，如若缺乏版权制度的激励与保障，可能导致动漫创作者暂缓或者完全不公开作品的可能性的提高，不利于动漫作品的合理、有效使用，对动漫信息、作品与文化的自由传播起到阻碍与遏制作用。

另一方面，充分保障动漫作品与文化传播者的权益。为了激励动漫作品与文化的传播与分享，在版权制度中设立了邻接权制度以保障动漫作品与文化传播者的相关权益。动漫作品与文化的传播者在版权制度中通常以邻接权人的身份出现，其中，既包含利用传统的动漫作品与文化传播方式的传播者，如动漫著作出版者、动漫舞台剧表演者、动画电视与电影制作者、动漫广播电台节目策划与主持者等，又包含利用现代新兴信息网络技术进行传播的传播者，如动漫网络直播者、以网络平台为基础的漫画、动画、游戏、动漫音乐、动漫衍生品的发布与销售者等。具体说来，一是这些传播者在获得动漫作品原创作者的许可、授权或转让后，在一定期限内利用作品的某种特定的传播途径获取了相应的经济利益；二是部分传播者在获得动漫作品原创作者的许可、授权或转让后，并未直接利用作品获取经济利益，而是通过全部或部分免费的形式对社会公众传播与分享，为自身传播平台提高社会关注度，并由此吸引广告投资商，以赚取广告收入；三是这些传播者在作品与文化传播过程中自身也付出了一定的脑力与体力劳动，理应对其相关权益进行维护与保障，因此，在版权制度中还详细规定了表演者权、出版者权、录音制品作者权等具体权利。

第四节 价值共创下动漫产业知识产权激励方法

激励方法形式多样，以激励的不同特点、程度等因素划分，主要包括物质与精神激励，正向与反向激励，内在与外在激励等，但是，激励方法实施过程中的根本目的只有一个，那就是以激励主体的预期目标为基础，引导激励客体的具体动机与行为，激发和调动激励客体的创造性、积极性与主动性。激励方法的产生与发展依附于激励理论的探讨与研究，人类社会最初的激励方法以"恐吓和惩罚"为主，直到 20 世纪初，"胡萝卜加大棒"理论的出现，使得"奖赏"成为激励方法之一。根据前文所述，价值共创下动漫产业知识产权激励对象既有"理性经济人"的共性，也存在"普通社会人"的个性，因此，依据其多样化的需求，在具体激励方法的实施上也应当根据个性、共性、时间、空间、内外部环境等进行适当调整。具体说来，价值共创下动漫产业知识产权激励方法主要分为物质激励和精神激励。

一、物质激励方法

价值共创下动漫产业知识产权激励客体的基本需求是物质，是其进行社会活动的本原和动因。管理学中的物质激励，在法学语境中也称财产激励,❶是根据主体的工作情况对其物质需求进行补偿,对物质利益关系进行调节,从而进一步调动其积极性、主动性和创造性的激励方式。物质激励一般包含基本报酬、绩效奖金、股票期权、基于知识产权转化的收益,以及其他福利待遇等。在动漫企业中,雇员的经济收入是其履行工作职责的最基本需求,且对其生活水平、工作责任感和幸福度都发挥重要影响。物质激励在可观察、可测量、可操作、作用效率等方面具有突出特点,但是,在实践过程中,物质激励的实际功效还会受到相关激励机制管理的公平、公正、公开,以及其他精神激励方法的综合作用的影响。

薪酬激励是动漫企业在实施物质激励中最基本、最常用,也是最有效的手段之一。对于价值共创下动漫知识产权创新的薪酬激励而言,其制定和实施的基本规则在于,以传统的工资报酬激励为基础,在尊重雇员的性格、能力、发展愿望、个人选择的前提下,制定相应的奖励与福利待遇制度,并将整体的薪酬激励与动漫企业激励机制中配套的精神激励相结合,以发挥最大的激励效应。具体说来,薪酬激励主要包括以下三个方面。

第一,基于职位的报酬制度。以职位为基础制定报酬的具体标准主要是对雇员履行职务工作的能力与水平的考量,从而促进雇员为了提高报酬标准加强知识与技能,以期获取更高职位的报酬体系。一方面,有利于吸引和留住高级雇员;另一方面,有利于促进普通雇员提升个人技能与工作质量。第二,灵活的奖金制度。雇员在履行本职工作过程中在某方面为雇主有职务之外的贡献时,雇主应当根据贡献的内容、形式等方面为雇员提供较为灵活的奖励,包括各种物质奖励与精神奖励。第三,自助式福利体系。雇主不规定雇员所享有的具体的福利内容,而是制定科学、合理的福利档次与相应的福利范围,雇员根据自身

---

❶ 由于本书主要是管理学视阈下的激励机制研究,因此在激励方法上称为物质激励与精神激励。

工作效率与业绩等评价指标划分福利档次，在自身所处档次的福利范围中可以自行选择具体的福利措施，将福利平均而无法起到激励功能的弊端从制度层面进行有效规避。

　　动漫企业在薪酬激励的具体实施过程中，应遵循以下基本原则：一是重奖创新，动漫企业发展的核心在于知识产权创新，因此，应对工作中表现出积极创新举动或具有创新思维的雇员着重奖励，以启发、促进与推动动漫企业全体雇员创新意识与行为的提升。二是多劳多得，雇主应对雇员的工作强度、工作质量、工作完成度等情况进行绩效评价，以体现多劳多得激励的公平性，应以工作创新进展情况和个人的贡献比率进行分配，从而产生较好的激励效果。三是差别奖励，动漫企业在制定薪酬制度时应避免过分平均，要遵循论功行赏原则。

　　值得注意的是，物质激励方法也是传统知识产权制度中经常使用的激励方法，在工业产业运用的历史由来已久，但是动漫产业在产业类型、知识密集与劳动密集程度、产业链结构、从业者心理素质等各方面都与传统工业产业有所不同，动漫产业的发展靠一味模仿传统工业激励模式来促进是行不通的。在物质激励方法施行的几十年间，在培养创造型人才以及促进知识产权保护与运用方面，对我国动漫产业不断完善与发展均起到不可磨灭的作用，由于忽视了动漫产业特殊的层次性与差异性，目前的物质激励方法使得激励方式的科学性、系统性、连续性明显滞后。同时由于激励深度及角度的限制，导致了激励效果的局限性，主要表现在：（1）知识产权创新在扶持政策上的片面性。动漫产业的创新期求的是质量的提高，而具体解决方式却是依据数量进行奖励。（2）范围的局限性。政府扶持的激励方法适用于规模大、分工明确、管理体制健全的激励客体，其适用范围的限制导致了多渠道融资途径和市场体制的缺乏。（3）时序的滞后性。当创新遇到瓶颈才消极被动地予以激励，"先问题、后激励"的后发机制，属"应对反应型"措施。（4）方式的表层性。简单依赖政策实施"输血型"物质激励，创造力较差的事实仍然存在，实质上知识产权创新问题并未得到治理与修复。(5) 效果的短期性。表现为因过于依赖物质激励,从而导致"无激励无发展"等副作用,激励成效的边际递减趋势。

二、精神激励方法

精神补偿激励主要包括满足主体对工作的胜任感、成就感、个人或企业成长和有价值的贡献等方面精神需求。作为一种基于人格利益的激励方法,当物质需求被满足后,人们就会追求精神上的需求和满足。雇主通过对雇员的工作成果予以非物质的精神激励,对雇员的成就和价值予以认可,使雇员感受到被尊重,并由此得到某种心理上的满足。具体说来,动漫产业价值共创下的知识产权精神激励的方法包括权益激励、荣耀激励、沟通激励、情感激励、领导行为激励、榜样典型激励、共同激励、发展激励、尊重激励,等等。在此基础上,精神激励不同于物质激励的特征主要体现在以下四个方面。

(1) 抽象性。物质激励的特点是手段直接,见效快,但持续时间短。对比来看,精神激励的特点在于潜伏与作用过程较长,效果显现缓慢,迟效性较强,但在一定的心理共鸣的作用下,精神激励的效力将明显高于物质激励。精神激励的介质具有抽象性,要想让精神激励达到一个更高层次,就需要激励客体产生从情感状态转化为观念意识的内化环节,而具体的激励效果取决于激励客体的个人经验、阅历等,与此同时,激励的过程具有很高的灵活性,难以把握。内在主动性是精神激励发挥作用的主要形式之一,精神动力的产生只有自身通过精神激励的内容内化而产生,相应工作绩效的提升通过有效行为出现频率的增加而实现。

(2) 社会性。与物质激励相比,精神激励形式更为多样,对不同个体的心理层面需求实行差别化激励,因此,精神激励的具体手段需要具体问题具体分析,与时俱进,因人因时因地而异。也就是说,对精神激励的实施需要充分考虑不同时期、地域、群体等的思想、意识与文化方面的作用，具有社会化的属性。

（3）复杂性。与物质激励相比，精神激励的难度还在于其设计、实施与作用过程的复杂性。由前文所述可知，精神激励是一个抽象的内化过程，而人的精神需求是多样化的，用于推动个体的动机与行为产生的精神激励的过程与内容都具有细致多变的复杂性。在精神激励的设计、实施与作用过程中，要求激励主体对激励客体的个性、习惯、爱好、愿景等各方面都尽可能多地充分了解，同时深入理解激励客体的需求，以及这些需求产生的根本原因，以建立合理、科学、有效的多层次与多形式的精神激励机制。为了尽可能好的完成这项工作，需要花费大量时间、涉及诸多因素，其中，无论是精神激励机制本身不健全，还是精神激励机制可行性较低，都会使精神激励不起作用，甚至起到相反作用，因此，与物质激励相比，激励主体在构建精神激励机制时，可能会遇到更多问题与障碍。

（4）无限性。物质激励是有形的，它主要是以经济手段达到激励效果，这种激励方法具有短时效性，每次激励只能在短时间内产生一次激励作用，之后激励效力便自动消灭。与其不同的是，精神激励的作用具有缓慢性与长期性，不会在短时期内立刻产生激励效应，需要经历较长时间的内化过程，但是，一旦内化过程中产生了心理呼应，则会产生出强烈而持久的激励效应。因此，每次精神激励可能在长时间内产生多次激励作用，且呈现出激励效应无限上升的趋势，主要体现为个体对自我超越的成就感、自我实现的价值观以及高度评价的荣誉感的需求，精神需求层次越高，精神激励层次越高，且激励效应更强烈更持久。

综上所述，物质激励与精神激励首先都是对动漫创新主体心理与精神层面的动机的激励，进而再作用于动漫创新主体的具体行为。但是，两者在具体的激励方法上有一定区别，物质激励方法的核心在于对经济收益的利用，而精神激励方法的关键在于个体的性格、思想、意识与情感。因此，对动漫创新主体工作绩效的提高与激励，不能仅简单实行物质激励,而应将物质激励与精神激励有机结合,形成完整统一的互补性激励是动漫企业在建立激励机制时最应该考虑的问题。目前,随着政治、经济、社会与文化环境的变化与发展,动漫产业从业人员的各项需求发生了巨大变化,传统的动漫创新激励方法较为单一,没有充分考虑不同类型雇员的需求层次性与差异性,导致激励机制的科学性、系统性、长久性与连续性延迟与滞后的现象凸显。

第五节　本章小结

本章主要是对价值共创下动漫产业知识产权激励机制构成要素的分析。首先,从理想上的激励对象——价值共创行为的主体,实际上的激励"作用点"——"自然人"两个层面对价值共创下动漫产业知识产权激励对象进行分析。其次,阐述价值共创下动漫产业知识产权激励目标,包括宏观目标与微观目标。再次,从专利制度和版权制度两个视角对价值共创下动漫产业知识产权激励制度进行研究。最后,从物质激励和精神激励两个维度对价值共创下动漫产业知识产权激励方法进行分析。价值共创下动漫产业知识产权激励机制构成要素之间相互影响、相互作用,与激励影响因素共同对激励运行模式产生影响。

第四章　价值共创下动漫产业知识产权激励机制影响因素

激励因素主要是指能够满足个体某方面需求的某种"外部刺激"，通常独立于个体自身而来源于外部客观环境，无论是个体的工作动机、绩效、态度，还是各方面满意度等，都能够发挥重要影响，对于不同创新主体而言，有着重要影响的激励因素不同，因此，本章探讨的是在动漫产业价值共创中，对各类参与者影响程度最高的激励因素有哪些方面。不同时期、不同地域的学者在研究成果中指出的具有激励功效的影响因素并不完全相同，主要原因在于，一方面，根据不同时期、不同地域的政治经济、科学技术与社会文化发展水平，激励影响因素本身就不尽相同，并一直处于变化发展之中；另一方面，基于不同类型的群体，其激励影响因素也具有一定差别。鉴于此，对激励影响因素的研究还需要对个体的特点进行综合分析。本章从动漫产业知识产权价值分配的研究出发，分别探讨价值共创下动漫产业知识产权价值分配中对创作者、生产者和消费者的激励影响因素，并对激励中的控制因素进行分析。

第一节　动漫产业知识产权价值分配与利益均衡

一、知识产权价值构成

知识产权价值在动漫产业价值共创体系中科学、合理、有效分配的基础与前提是对知识产权价值构成的分析。本书所述的知识产权利益是对其进行的广义上的理解，不仅包括动漫产业价值共创中直接产生的创新性成果，知识产权创造、保护、利用中的其他利益也包含在内。知识产权是无形的智力创造成果，动漫产业价值共创行为实际上也是通过智力创造知识产权的过程。另外，在动漫产业价值共创初次完成的创造性成果的基础上产生的后续利益，即与创造性成果相关的其他利益也应该参与到动漫产业价值共创完成后的价值分配过程中来。详细而言，价值共创下的动漫产业知识产权价值主要由以下内容构成。

（一）知识产权的归属

目前，我国财政性资金资助较为集中的领域在专利权方面，主要包括发明专利权、计算机软件著作权、集成电路布图设计专有权和植物新品种权等权利，但是动漫产业价值共创的知识产权成果远远不止这几种，在版权方面包括具体的著作人身权和著作财产权，甚至商标方面的内容。动漫产业价值共创涉及多个创新主体，动漫产业价值共创中取得的知识产权应当是单方所有或是多方共享，如若是单方所有，那么又应当归属于消费者、企业、高等院校还是相关科研院所。另外，接受政府资金扶持的价值共创项目，还存在政府拥有或使用知识产权成果的问题。

(二) 无偿实施权、优先使用权与优先受让权

由于在动漫产业价值共创过程中，消费者、创作者、生产者、价值链中的其他企业、高等院校、中介机构、科研院所和政府等相关主体，都对动漫产业价值共创的知识产权成果进行了一定程度的资源投入，在知识产权利益的最终归属上，如若只有一方享有知识产权专有权，那么其他主体应该在一定程度上具有对该知识产权成果的使用便利，即在不损害获得知识产权的创新主体行使专有权的前提下无偿使用或在同等条件下优先使用的权利。无偿实施权或优先使用权是价值共创中不具有专有权的知识产权创新主体的对共同创造的知识产权成果的不可转让与撤销、非独占的无偿使用权。此外，优先受让权是指依照法律规定或依据合同约定，获得知识产权的创新主体在对其专有权或专利申请权进行转让时，其他价值共创主体在同等条件下享有优先受让的权利。

(三) 收益分配权与奖酬请求权

收益分配权是指在对动漫产业价值共创中产生的知识产权成果获得的收益进行分配时，所有参与动漫产业价值共创的创新主体均享有公平参与利益分配的权利。奖酬请求权是指参与动漫产业价值共创系统的个人或是其他主体分享价值共创中产生的知识产权成果的一种方式，也是价值共创下动漫产业知识产权激励机制的有效组成部分，即根据参与动漫产业价值共创的个人或其他主体在价值共创过程中投入或付出程度进行知识产权价值分配。其中，主要包括金钱给付与股份分配两种形式，在给付方式上主要有一次性给付和持续性多次分配两种。

(四) 介入权

介入权的权利实施者为政府，只有在接受政府资金扶持的价值共创成果利益分配中，才会涉及该项权利，即在价值共创中包含政府资金

扶持，一方面，价值创造完成后一定期限内，最终获得创造性成果的所有者未使用、未实施；另一方面，为了特殊的国家利益与安全，或者某种必需的社会公益。实践中，介入权实施的目的是保证国家扶持的动漫产业价值共创成果能够有效实现经济效益的转化，并最终实现社会公益的提升。需要注意的是，政府只是作为知识产权的监督者与代理者而行使权利，由政府实施介入权将知识产权许可他人使用是有偿的，且原知识产权所有人应当享有具体的许可费用。

（五）二次创新及后续开发涉及的知识产权利益

动漫产业价值共创通常是一个持续不断、循环往复的过程，价值创造不是一次性完成的，因此，价值共创中知识产权初次创新成果的价值分配也不是一劳永逸的，在后续研发中，动漫产业价值共创下的初次创新成果极有可能完成二次创新，从而形成新的创造性成果或相关权益。由此可见，二次创新及后续开发涉及的利益也应当属于动漫产业价值共创中的知识产权利益，也应当作为共同收益参与价值分配。

（六）消极利益分配（风险承担）

动漫产业价值共创并不会百分之百成功，因此，在价值共创遭遇失败的情形下，动漫产业价值共创内部的风险承担也应是知识产权价值分配的重要内容。具体分配内容与形式主要有：（1）研发风险，研发失败、对研发资源或时间投入估计错误或虽然研发取得成功，但因无法完全商业化与市场化而难以取得相应的经济利益。（2）市场风险，动漫市场形势变幻莫测，可能面临的风险主要包括：动漫产业价值共创成果是否能够取得令人满意的经济效益难以预知；动漫市场中存在各种盗版、山寨的知识产权侵权行为；竞争对手产品研发的相似性，产品投入市场的时机等。（3）合作风险，动漫产业价值共创的主要方式即创新主体之间的合作，在此基础上面临的风险主要包括三个方面：第一，由于创新主体的目标追求与价值取向不尽相同而产生的各种矛盾与纠纷；第二，由于创新主体道德观与个人素质的影响而产生的各种违约情况；第三，由于创新主体各方的利益冲突而使价值共创中断或结束。

对于价值共创下动漫产业知识产权价值分配需要注意的是，一方面，除了物质利益的分配外，还应注重精神利益的分配，如在动漫产业价值共创过程中形成的各种声誉效应和人身权等相关利益。另一方面，不同模式下的动漫产业价值共创，其涉及的知识产权利益并不相同，因此，具体的知识产权价值构成也不相同，应根据价值共创的具体模式、创新投入与创新过程等因素，分析相应的知识产权价值构成。

二、知识产权价值分配制度安排对价值共创的影响

价值共创的焦点在于融合各个创新主体提供的创新资源，在价值共创协同运行中创造出新的创新性成果，因此，对创新性成果（主要是知识产权成果）进行利益分配是动漫产业价值共创系统应尽的义务。

（1）知识产权价值分配制度影响价值共创稳定性。利益是价值共创进行的基本动力，是价值共创良性运行的纽带。一般来说，消费者注重对体验价值的追求，创作者更关心艺术或科技价值，而生产者则主要出于对经济价值的追求，单纯从参与价值共创的目的来说，这三者具有绝对的矛盾性，甚至有学者认为，传统科学价值的传承在动漫产业价值共创中过多的经济因素作用下遭到了破坏。笔者认为，动漫产业价值共创的动力和纽带是利益，尤其是知识产权利益，在现代市场经济社会中，消费者、创作者和生产者的创新能力、个人回报和社会贡献都不容忽视。在知识经济时代背景下，知识产权利益的下降会发生外溢现象，对创作者创新活动的激励效应降低，并引起知识产权创新成果产出效率下降，从而使科学与经济发展速度减缓，甚至停滞不

前。❶ 动漫生产者在经营活动中具有完全的逐利性，经济效益的提高是其参与价值共创的根本目的，也是最终目的。由此可见，作为创新主体，动漫消费者和创作者为了顺应现代市场经济社会的发展，必然对知识产权利益具有一定需求，而动漫生产者参与价值共创的必然结果就是对利益的追求，且应包括经济利益和知识产权利益等一切有利于其经营效率提高的利益追求。与此同时，实践中难以对动漫产业价值共创下的知识产权成果能够获得的实际利益进行精确衡量，在动漫产业价值共创活动中，"知识产权必然成为各创新主体谋求控制的战略重点"。❷ 为保证动漫产业价值共创运行的稳定性与高效性，应当重点关注对相应的知识产权价值分配机制的制定。

（2）知识产权价值分配制度影响价值共创良性运行。动漫产业价值共创的最终目的在于激励知识产权成果的创新研发，以增强动漫创作者与生产者的自主创新效率，最终使动漫产业的创新与竞争能力，乃至国家软实力水平得到有效提升。当代社会的创新活动主要以知识产权创新的形式得以显现，知识产权及因其而获取的经济效益是动漫产业价值共创成果的主要表现形式，"个体的创造性劳动通过知识产权的形式使其价值得以显现的同时，知识产权以法律的形式使知识要素参与利益分配的合理性得以确定"，❸ 只有在适当的知识产权价值分配制度的基础下，动漫产业价值共创中的各创新主体才能专心从事有效的创新研发活动，为动漫企业自主创新提供有力的智力支持，动漫企业为价值共创活动提供充足资源支持的意愿才会增强，从而保证动漫产业价值共创的各创新主体能够充分发挥创造力，实现各种版权、技术等创新要素的优化组合，以保证价值共创的效果得到最大发挥。

（3）为动漫产业价值共创确立适当的知识产权价值分配制度具有

---

❶ [英] 约翰·齐蛮. 元科学导论 [M]. 张平，等译. 长沙：湖南人民出版社，1988.
❷ 陈劲. 新形势下产学研战略联盟创新与发展研究 [M]. 北京：中国人民大学出版社，2009：18.
❸ 段瑞春. 论产学研合作理念、机制与法制 [J]. 科技与法律，2008（5）：3-6.

迫切性。动漫产业价值共创利益分配制度的复杂性主要来源于价值共创系统的多主体性和运行复杂性，而该特征也同样阻碍了动漫产业价值共创相关主体的价值创造工作，实践证明，创新主体放弃或终止价值共创活动的主要原因通常是在知识产权价值分配上的矛盾，因此，知识产权价值分配对动漫产业价值共创中各创新主体的知识产权创新意识、知识产权工作热情与知识产权成果转化效果产生直接作用，是价值共创成败的关键因素。学界研究中也关注到了这一问题，马克·道格森（Mark Dodgson）认为，以利益分配制度为基础的管理因素上的差异对多主体联合行为的结果产生直接影响。因此，在确立适当的知识产权价值分配制度的前提下，有利于减少动漫产业价值共创成果与效率的不确定性，降低创新研发、运行与管理成本。❶

综上所述，制定适当的知识产权价值分配制度的主要作用在于：第一，有效降低动漫产业价值共创过程中的研发、运行与管理成本，为价值共创活动提供管理上的支持，为创新主体工作主动性与积极性进行有效激励。第二，维持动漫产业价值共创的稳定性与有效性，并为下一轮价值共创活动的启动提供基础。第三，实现动漫生产者与消费者、创作者之间在知识、技术与艺术等方面的信息交流与合作，促进动漫产业价值共创的和谐高效运行。由此可见，作为一般商业习惯或契约拟定时的选择性条款并不是知识产权价值分配制度的最终归宿，而是应当作为动漫产业价值共创制度内容得到完善和发展，成为一种标准和普遍适用的规范。

三、价值共创下知识产权价值分配原则——利益均衡

动漫产业价值共创涉及创新主体较多，主要包括动漫生产者、消费

---

❶ M. Dodgson, D. Gann, A. Salter. The Management of Technological Innovation: Strategy and Practice [M]. Oxford: Oxford University Press, 2008.

者、创作者、政府、科研院所、中介与金融机构等，其中，各方参与价值共创的主要目标在于对知识产权利益的追求，知识产权价值分配制度本身是各创新主体利益博弈的结果，对各创新主体利益的平衡也成为知识产权价值分配的应有之义。笔者认为，一方面，应当充分肯定基于工具主义的知识产权理论在经济激励方面的功用，只有对创新主体各项权利的充分保障，使得知识产权权利人通过控制和行使自己的权利而补偿创新研发所付出的成本，并获得相应的报酬与奖励，动漫知识产品创造者的创造积极性才会趋于稳定并持续下去，作者和发明者等创新主体才会继续从事于生产知识产品的活动，保证动漫原创产品生产的原动力，满足社会对动漫创新产品的需求，有利于实现社会效用的最大化。另一方面，对知识产权创造力激励中强调专有的成分也不宜太多，而是要充分考虑各方创新主体以及公众利益，使多方达到对价和衡平。对某一部分创新主体实行较多的强保护，势必会给其他创新主体的积极性与参与性造成影响，从而不利于动漫产业价值共创活动的可持续发展以及社会公众利益的维护。因而，对于知识产权价值分配制度的构建，应当做到对创新主体在适当激励基础之上的利益平衡。也就是说，应当重新审视现行我国知识产权制度中的对价关系，实现动漫知识产品的创造与知识产权专有权，以及创新主体和社会公众接近、利用、享受科技和艺术之间达成适当的平衡，即在"对价中实现衡平"。

利益均衡原则在价值共创下动漫产业知识产权价值分配制度中主要表现为以下几个方面：社会公众利益实现的最大化；在投入—风险—收益一致的前提下实现利益均衡；保证所有创新主体都能共同分享价值共创成果。具体说来，其一，对于接受政府资金扶持的价值共创项目，主要涉及政府与其他价值共创主体之间的价值分配规则。政府对价值共创项目予以扶持的重要目标之一是社会公众利益的提升，使全体人民都能享受动漫价值共创的成果，因此，在具体的知识产权价值分配制度制定中，在保障创新主体基本权益的同时，还必须充分考虑到社会公共利益。其二，对于自发的动漫产业价值共创中各创新主体的价值分配，应当在确保公平的基础上，综合考虑各创新主体在资金、设备、技术、知识、人力资源、自担风险等方面的因素，最终确定能够实现利益均衡的价值分配方式。其三，对于动漫产业价值共创各参与主体及其内部创新个体之间的价值分配，主要涉及企业或其他组织与其内部创新个体的价值分配。此时，知识产权价值分配制度既是一种奖酬分配机制，也是一种激励机制，主要表现为创新个体的奖酬请求权和无偿实施权等方面，使作者、工程师、技术人员等参与价值共创的个体能够平等享有价值共创的成果。由此可见，利益均衡原则的构建在微观方面涉及动漫产业价值共创中创新个体的创新热情与工作积极性，在中观方面涉及动漫企业和其他组织机构的经营有效性与持续性，在宏观方面涉及动漫产业和国家创新体系的构建与实施。

第二节　动漫产业知识产权价值分配中对创作者激励的影响因素

动漫创作者是指那些掌握动漫专业知识并利用知识进行创造性工作，创造财富并以此为生的专业人士。价值共创中的动漫创作者既可以是独立创作者，也可以是动漫企业中从事创新工作的雇员。动漫创作者是管理学中知识型雇员（知识工作者）的一种，由于动漫创新工作区别于一般制造型企业创新的特殊性，动漫创作者除了知识型雇员的典型特性，还具有独特的行为方式。

一、动漫创作者的特点

(一) 自主性、独立性

从事动漫创新工作的人一般接受过较高的专业教育,对其研究领域内的知识与技能能够熟练掌握与运用,日常工作与生活中,动漫创作者易于展现出较强的学习与创新能力,也因此习惯于拥有较强的自主性与创新性,与从事普通体力劳动的雇员被动地适应重复而简单的工作相比,动漫创作者的活跃性和可塑性都更强。在此情形下,动漫创作者更倾向于在独立自主的,自身行为不受限制的,不用过多考虑他人对其工作过分干预的环境下从事创造性工作。灵活与宽松的工作场所、工作时间、工作氛围、工作方式等方面内容是动漫创作者的自主性与独立性的主要体现形式。

(二) 工作能动性

动漫创作者从事的创造性工作要求其在不确定性和模糊性较高的创新系统与工作环境中将个人知识经验和创造性灵感完全展现出来,在面对各种突发情况及时处理与应对的过程中,不断使动漫作品和技术得以更新,是取得动漫版权和专利的源头。

(三) 工作过程的不可控性

动漫创作者的主要工作方式是依靠脑力劳动的思维性活动,而非依靠肌肉的体力劳动。由此可见,其一,动漫创作者的创造性工作过程通常是不可见的、无形的;其二,根据前文所述自主性与独立性的要求,工作场所与时间也具有相当的随机性和不可预见性;其三,传统体力劳动的管理规则对动漫创作者并不适用,脑力创造性工作没有具体规律可行,也就不可能划分具体而确定的流程与步骤。其他人很难进行有效的介入和帮助，固定的劳动规则并不适用于动漫创作者。因此，动漫创作者工作过程中，其他人介入或帮助的可行性不强，而管理人员的监管既无实际意义，也不太可能实现。

（四）工作成果不易计量

一方面，在动漫企业中，创作者的创造性工作主要通过创新团队的形式，在交流、互动与合作中完成知识产权成果的创造，而非创作者一人独立完成。因此，依据创新成果取得的各种收益都是以创新团队整体成果进行衡量，动漫创作者个人绩效的评判有一定难度。另一方面，有可能出现难以预计创新成果本身价值的情形，某项知识产权从投入运用到获得收益可能经历较长期限，对长期效益的衡量也有较大困难。

（五）强烈的成就动机

动漫创作者通常对自身价值的衡量与实现有较强追求，社会认可度的提高是其从事创造性工作的主要动机之一。动漫创作者对一般简单性和重复性劳动关注较少，对特殊的具有挑战性和一定难度的工作积极性较高，且对工作成果力求完善，将达成他人力不能及的工作看作一种乐趣，一种体现自我价值的方式。与此同时，还有创作者将作品获得消费者和社会的认同视为自我价值的实现。

（六）崇尚平等

动漫创作者具有某种特殊技能，加之科技本身的不完善性和艺术见解的多样性，使得动漫创作者更加崇尚平等与自由，其对雇主的忠诚度远不及对自身创造性工作的忠诚度。而在以创造力为核心竞争力的动漫企业中，个体的权利大小并不完全由其职位高低决定，因此，也助长和默认了动漫创作者不惧权威，平等自由的个性发挥。

(七) 流动意愿强

在知识经济环境中，知识资源代替物质资源成为核心经济要素，以"理性经济人"假设为前提的资本雇佣劳动理论逐渐瓦解，单纯依靠物质资源的付出而维持长期雇用关系的可能性也相应降低。一方面，动漫创作者对知识和技术的熟练掌握，使其对自我价值实现需求的期望值较高，一旦发现企业不再适合自己的发展或待遇不公，便会另谋生路。另一方面，现代动漫创作者的就业观念不再是追求终身雇用制，而是追求自我价值的实现，也促进了动漫创作者流动意识的增强。

(八) 强烈的学习动机

动漫创作者通常在其专业领域和市场需求较为统一的情形下开展动漫知识产权创新工作，因此，动漫创作者需要经常了解、更新专业知识和社会动态。❶

(九) 对组织资源依赖性较强

动漫创作者的知识产权创新成果具有风险性，创新成果的产出时间、获得的市场收益等均具有不确定性。因此，实践中动漫创作者越来越依赖组织对其工作资源的扶持，包括来自政府、企业和社会的扶持。

综上所述，随着社会科学技术的迅猛发展，信息传播速度的日益加快，动漫创作者的关键性作用日益显现在知识产权创造与运用、动漫项目开发、我国动漫企业及动漫产业竞争力提升等方面。因此，我国动漫产业良性运营与可持续发展的关键问题在于对拥有知识创新潜力的动漫创作者工作热情和创新积极性的有效激励。知识型雇员的激励问题一直都是管理学的研究热点，但针对动漫创作者的激励研究较少，

---

❶ [美] 彼得·圣吉. 第五项修炼——学习型组织的艺术与实务 [M]. 郭进隆，译. 上海：上海三联书店，1998：4.

国内关于这方面的激励理论与实践尚不成熟，然而，传统的基于普通制造业的激励方式已无法对动漫创作者起到有效激励作用，而我国物质生活水平、经济发展水平和社会文化水平的提高，以及知识更新频率呈几何式加快，决定了我国动漫创作者的需求因素也呈现不断发展与变化的趋势，相对应的激励因素也有所不同。以往研究成果表明，动漫创作者的需求包括物质与精神两个层面，于是，在对动漫创作者进行激励影响因素研究与相应激励机制设计时，应当同时对物质与精神激励予以关注，使两种激励因素相互作用，互为补充。

二、对动漫创作者激励的影响因素

本书对管理学研究中常用的激励因素进行总结和归纳，以国内外学者的研究成果为基础，结合我国的具体国情和动漫创作者的特点，整理出关于动漫创作者激励的主要因素。

(一) 绩效型薪酬

对于动漫创作者而言，他们希望在完成本职工作的同时，获得一份与自己贡献相称的薪酬。从心理学的角度而言，薪酬作为动漫创作者努力工作行为的结果，是一种外在的激励因素，这种激励措施可以通过契约形式得以实施。对于独立的动漫创作者而言，薪酬来源于对自身知识产权的经营和管理。对于动漫企业中从事创新工作的劳动者而言，通常情况下，动漫企业会依据动漫创作者的业绩支付薪酬，即采用基于业绩的薪酬契约。由于动漫创作者工作业绩的主观性特征，其业绩薪酬契约通常选择"基本工资+业绩奖励"的形式。但是，动漫创新成果产出是知识型雇员的努力水平和外界因素综合作用的结果，动漫创作者的业绩无法得到准确的评估。动漫产业市场环境具有很大的不确定性，动漫创作者从事的知识劳动具有很大的不确定性，这使得动漫创作者的经济行为具有很大的风险，因此，对动漫创作者的薪酬要考虑其风险偏好及其变化。在充分考虑知识、技能、动漫创作者价值实现、行业水平、成果产出等因素的基础上，制定多种层面与形式的，主要包括普通报酬、额外奖金、福利待遇、知识产权收益等各种具体内容的薪酬体系和价值分配制度。

玛汉·坦姆仆（Mahen Tampoe）认为，知识型雇员激励过程中的四个最重要的因素依次为个体成长、业务成就、工作自主和物质财富。❶ 在该研究结论中，由于作为坦姆仆研究样本的国外知识型雇员通常已具有与普通雇员相比更高的薪酬福利，其物质需求已得到较好满足，物质激励因素的作用率由此减弱，并逐渐退居次要地位，因此，基于实证研究的坦姆仆研究认为知识型雇员的物质财富需求较低，而对于成长和成就方面的因素要求更高。❷ 相比较而言，我国的知识型雇员的物质需求还远没有得到满足。实践中，从事动漫产业创新工作的劳动者平均年龄较低，以80后、90后的青年人才为主，其一，他们正处于事业起步与上升阶段，各种生活开销较多；其二，在改革开放后成长起来的这些青年人才对美好生活的定义与期望值较高，日常消费水平提高更加增强了薪酬需求；其三，由于受到我国计划生育政策的影响，如今该年龄段的劳动者以独生子女为主，除了保证自己的物质生活来源，还需承担较重的家庭责任，对薪资收入的需求较大，动漫创作者的基本物质需求普遍还没有得到充分的满足。根据马斯洛的需求层次理论，只有充分满足较低层次的需求之后基于较高层次的需求所对应的激励因素才会发挥作用。因此，目前来看，我国的动漫创作者仍旧将薪酬福利看作是最为重要的激励因素。

---

❶ 具体比例依次为："个体成长"（32.76%）、"业务成就"（30.67%）、"工作自主"（28.53%）、"物质财富"（7.19%）。

❷ Mahen Tampoe. Exploiting the core competences of your organization [J]. Long Range Planning, 1994, 27 (4): 66-77.

(二) 工作自主权

这主要包括两方面内容：其一，提供自主的工作环境。与普通体力劳动型雇员相比，动漫创作者对工作的自主性、独立性和自我引导的要求较高，不习惯于受指挥和控制，一般不会将计划与措施都安排得非常详细与明确。动漫创作者更偏爱自主工作的自由，以及更具张力的工作安排。动漫创作者是各自专业领域的人才或专家，动漫企业应对动漫创作者给予信任值的最大化，在工作内容严谨、工作方式宽松的创新环境中给予其一定的权力，使其在自身研究领域内、本职工作中拥有足够的言论权。其二，实行弹性工作制。动漫创作者的主要工作方式是依靠脑力劳动的思维性活动，其工作过程一般没有确定的地点与时间，工作过程具有不可控性。因此，动漫企业相应的激励方式应当是只对工作任务与结果进行评估与考核，不必也无须对具体的动漫创作相关工作过程实施监督与管理。在尊重动漫创作者的生活习性、工作习惯和个性需求的基础上实施弹性工作制，使动漫创作者可以对工作场所与时间拥有较高的支配权，充分协调家庭、工作与个人偏好的关系，对创新性工作的满意度与责任感也由此得以提升。与此同时，针对动漫创作者的弹性工作制，可以借助于现代网络技术和信息交流方式等快捷、便利的现代办公手段得以实现。

(三) 晋升机会

一般而言，对于动漫企业中从事创新工作的劳动者来说，对实现动漫企业组织目标的需求不及对于自身专业知识、个体和事业成长的需求。动漫创作者更看重个人的成长与发展，而非有保障和稳定的工作。因此，动漫企业应对动漫创作者在个性与职业方面的需求与目标进行一定了解的基础上，为动漫创作者创造与之相适应的个体发展空间与职业晋升路径。对于动漫创作者而言，培训学习、工作认可、不断获得知识、能力和事业的上升机会是他们十分重视的。首先，为动漫创作者提供参与各种培训的机会。动漫企业应对动漫创作者的培训需求进行分析，根据动漫创作者发展追求的不同、所处创新型工作职位要求的差异，以及动漫企业自身的条件，建立图书借阅与分享制度、成立学习小组、企业内部培训、企业外部实习和进修等手段，且培训并非一次性经历，应随着时间与层级的发展进行多种类、多层次培训，增加动漫创作者参与培训的机会。其次，制定公平合理的晋升制度。对于知识产权成果产出率与利用率均较高，且自身与组织管理能力均较强的动漫创作者采用晋级和晋职的激励方法，对于不适合管理者岗位的动漫创作者，动漫企业应考虑给予技术职位的晋升机会。最后，对动漫创作者进行个人发展长期目标规划激励。长期目标规划在对动漫创作者高效工作的收益期望提升的基础上，使得组织目标实现和组织责任承担成为动漫创作者的现实追求，从而达到对其内在潜能的激励。

（四）宽容失败

创造性的工作的实施与创造性风险的承担密切相连，因此，动漫创作者的工作通常伴随着各种风险，对创新工作中的失败需要有合理认识。动漫创作者在创新工作中的错误与失败应当是可以允许和原谅的，具体表现为动漫企业对雇员的宽容，以及社会大众对动漫创作者及其作品的宽容。与此同时，这也是动漫企业和动漫文化发展价值的表现，当某人犯错或失败就能有效避免自身或他人在后续创新工作实施过程中再次经历同样或相似的错误或失败。从心理学视角来看，经历过挫折与失败的人更懂得珍惜每一次难能可贵的机会。对失败的宽容，既是对动漫创作者创新性劳动的肯定与认可，也是对动漫创作者个人发展空间和心理状况的最大的宽容，对动漫创作者知识产权创造力和发展潜能的激发具有重要影响。另外，动漫企业在支持动漫创作者进行创造性工作时，还需要对企业自身能力、特点、发展现状和风险控制机制进行综合考量，因为，在完全市场经济环境下，企业的逐利性决定了其经营活动的根本目标与最终目标是对利润和效益的追求。

(五）人与组织匹配

动漫创作者的自主性较强，流动可能性较大，因此，对动漫创作者的激励因素中，促使其价值观、事业理想与组织的使命与目标相一致显得尤为重要。人与组织匹配强调动漫创作者和动漫企业或组织之间达到两种匹配：一是互补匹配。即个人的知识、技能和能力与工作任务或职位的关键需求要求一致，这也是通常所强调的人与岗位的匹配；二是一致匹配。即个人的整体个性（如兴趣、爱好、性格等）与组织的气氛、文化、价值观或目标相一致。团队是指人们为了达到共同目标而聚集起来以共同完成工作的集合体，其中，团队成员的特点具体表现为：其一，心理认知的趋同性；其二，利益关系的依存性；其三，行为方式的互动性。在创造性工作中，创新团队具有集结、规划、调整、协作与成果分享的高效性，在面对特殊工作或突发情况时应对能力较强，速度较快，创新团队协作效率通常大于个体成员绩效简单相加的总和，因此，比其他传统职业化部门和组织形式运行更加稳定、高效，且持续性更强。一方面，伴随着动漫创作工作的细致化与专业化程度加深，对某项知识产权成果的创新研发过程需要多位动漫创作者和其他工作人员的共同协作，单纯的独立研发势必在创新资源、效率和质量上略低于创新团队完成的各项指标。另一方面，知识产权的创新还来源于动漫创作者之间的相互交流、学习、互动与协作，动漫创作者之间的经济利益、精神荣誉或人际关系等方面的冲突与矛盾，不仅会对动漫创作者自身的创造性和积极性产生影响，还势必会降低动漫企业的整体运作效率。要把握好人与组织匹配的激励因素，动漫企业应重视团队精神的培养，特别强调团队精神、群体共识，能提高动漫创作者的工作稳定性并具有高效的工作效率。

第三节 动漫产业知识产权价值分配中对生产者激励的影响因素

本书对生产者影响因素的研究主要是针对动漫企业的经营管理者而言,实践中价值共创的主要参与者是动漫作品和技术的创造者,动漫企业管理者,以及普通动漫消费者。动漫企业中普通雇员,以及未从事经营管理的投资者参与创新的机会较少,创新成功率较低,因此,本书并未将其作为创新主体看待,在激励因素的研究中也未涉及动漫企业的普通雇员和未从事经营管理的投资者的激励。对经营管理者实施有效激励是动漫企业治理和价值共创管理的核心内容,对动漫企业经营管理者激励因素的研究应当以其行为特点为基础。

一、动漫生产者的特点

(一)经营管理权的高度专有性

合格的动漫企业经营管理者既需要一定的知识涵养与获取能力,也需要良好的管理能力,被称为特型或复合型人才,主要表现为两方面:一方面,对自身经营与监管的领域具有一定的专业知识、技术、经验和特定信息来源;另一方面,在日常组织管理工作中发挥较强的人力资源管理能力、人际关系掌控能力、制度创新能力和决策经营能力。由于其掌控与运用的知识与管理能力依附于经营管理职位之中,从而使动漫企业经营管理者的动漫领域专业知识、经营管理经验和对动漫企业的经营管理权力具有高度专用性。

(二) 经营管理权使用过程中的不确定性与高风险性

根据前文所述，一方面，知识产权创新是动漫企业创业与发展的核心要素，而知识产权创造性工作的实施与利益风险承担相互关联；另一方面，基于动漫产业高收益和高风险的特性，在动漫企业经营过程中风险资本投入比例较高，还存在风险投资权益资本的回收问题。在此基础上，动漫企业经营绩效在很大程度上取决于经营管理者的决策与管理水平。因此，经营管理权的实际运用量与运用程度存在不确定性。若经营管理者的经营管理权使用得当，则动漫企业经营绩效得到有效提高，如若经营管理权作用发挥迟缓或程度不够，则动漫企业经营绩效明显下滑。

(三) 机会主义

一般而言，动漫企业中所有权与控制权实行分离，这就使得经营管理者的劳动受物质激励方面主要在于职位相关的报酬与经营绩效相关的奖励，并未获得资本收益的分配，因此也就不存在资本效应的激励。由此而来，鉴于经营管理的实际需求与动漫企业所有者具有一定偏差，动漫企业的经营管理者具有产生机会主义动机的可能性。与此同时，经营管理者的经营管理权的高度专有性以及经营管理者行动的难以监督使得其机会主义的存在成为可能。

(四) 人力资本的可塑性

对于经营管理者的行为与决策，一般不具备客观与科学的量化评价标准，因此，经营管理者的人力资本可塑性较高。由此可见，对动漫企业的经营管理者实施有效的激励，从而使经营管理者朝着动漫企业利益最大化的方向努力，是实现管理者价值目标的最佳途径之一。

(五) 激励身份的双重性

动漫企业的经营管理者不仅是激励的对象，同时他们也可能是激励的主体。动漫企业管理者参与企业激励机制的制定，运用其经营管理权改变激励方式，从而影响激励机制与企业绩效之间的关系。

二、对动漫生产者激励的影响因素

(一) 薪酬因素

对动漫企业经营管理者来说，最主要的物质激励因素是薪酬因素，管理者的薪酬激励方式与普通雇员有差别，主要包括短期因素和长期因素。其一，短期因素主要通过结构性报酬制度、与岗位相联系的财务开支制度、与职务相配套的福利制度进行激励。其中，管理者的结构性报酬包括两类，即基本报酬与风险报酬。基本报酬依据管理者所在企业的固定岗位工资确定，不受相应经营业绩的影响，风险报酬依据管理者所在动漫企业的经营业绩确定，当业绩优良，企业效益提高时可采取年终奖、带薪休假、股票期权等形式对管理者进行激励。职务消费是管理者与岗位相联系的正常财务开支，即履行岗位职责中的办公、交通、住宿、餐饮、培训和信息交流等工作中的费用，在金额上本着节约的原则下，应适当放宽使用范围，增强便利化程度。与职务相配套的福利制度是指除了普通雇员所享有的医疗保险、带薪休假等福利待遇外，经营管理者还可以享有一些特殊福利，如各类保险与补贴等。其二，长期因素主要通过人力资本股权化方式实现。其目的在于在较长的时间范围内，将经营管理者的个人利益与动漫企业的组织利益产生联系，以激发管理者通过提升企业长期价值来增加自己的价值和财富。

(二) 权力因素

动漫企业经营管理者对自身成就的需求通常较高，自身工作成果得到广泛认可和尊重是其进行经营管理活动中的主要关注点之一，鉴于此，适当授予经营管理者在工作中的某些权力，使其在动漫企业中产生与固化"主人翁"意识，增强工作中的责任感与使命感，使其经营管理权效用最大化。动漫企业可以对产权结构进行适当调整，将部分剩余权赋予经营管理者，即赋予经营管理者以动漫企业全部收益减去生产成本后的剩余收益。[1] 此时，经营管理者的经营业绩越好，其最终得到的动漫企业剩余收益就越多，经营管理者的收益与企业绩效有机结合，能够有效激励经营管理者的工作热情与态度。[2] 从动漫企业投资者的角度，虽然从静态上看，企业收益的部分分割与转让减少了投资者获得的最终收益，但是从动态上看，投资者受让的这部分收益使经营管理者的工作责任感与经营积极性得到有效增强，进而影响动漫企业整体业绩的提升，扩充了动漫企业的总体收益，因此，投资者实际上是通过受让小部分权益而获得更多的权益，可以说是实现了动漫企业投资者与经营管理者的双赢。

剩余权可分为剩余索取权和剩余控制权。剩余索取权即管理者依据投资者和管理者之间分配企业剩余收益或利润的契约取得的一定物质回报。[3] 对剩余索取权因素进行激励，有利于刺激管理者为动漫企业创造最大化剩余的积极性。在实践中，剩余索取权可采用管理层收购方式进行激励。经营管理者兼具投资者与管理者的双重身份，由此，经营管理者的自身利益、自身目标、自身价值与企业、投资者的利益、目标、价值有机结合，促使其向着一致性的方向发展。经营管理者怠于工作的可能性降低，与此同时，工作潜能也能够得到有效提高。

---

[1] H. Demsetz. Towards a Theory of Property Rights [J]. The American Economic Review, 1967, 57 (2): 347-359.

[2] B. Klein, R. Crawford, A. Alchian. Vertical integration, appropriable rents, and the competitive contracting process [J]. Journal of Law and Economics, 1978, 21 (2): 297-326.

[3] S. Grossman, O. Hart. The Costs and Benefits of Ownership: A Theory of Vertical and Lateral Integration [J]. Journal of Political Economy, 1988, 94 (4): 691-719.

对于剩余控制权来说,主要表现为剩余决策权、职位特权等能为管理者带来除薪酬激励之外的非货币激励。从理论上看,剩余控制权激励因素就是将企业部分控制权授予经营业绩好、工作效率高的经营管理者,主要对经营管理者三个方面的需求产生影响:一是在一定程度上承认经营管理者工作能力与个人价值,对其自我价值实现需求的满足;二是将经营管理者置于工作控制或负责地位,对其责任感与权力感需求的满足;三是职位特权或职位消费为管理者带来薪酬以外的物质利益满足。❶ 动漫企业经营管理者剩余控制权的激励属于隐性激励,其获得收益的方式与程度主要与剩余控制权的行使有关,通常而言,剩余控制权与获得收益的多少成正比,但是,依靠剩余控制权获得的收益具有不确定性与隐蔽性的特点,剩余控制权也有负面作用,比如企业内部权利斗争、项目的重复建设等。

(三) 声誉因素

声誉因素是指满足经营管理者获得企业内雇员与投资者认可、同行舆论好评、社会公众赞誉和较高社会地位等与自身良好声誉相关的一系列需求的激励影响因素。德瓦特里庞(Dewatripont)(1999)认为经营管理人员通常期望在工作过程中为自己树立良好的口碑与评价。作为管理者,尤其是大型动漫企业管理者,其个人的薪酬已得到满足,物质激励效用逐渐降低甚至完全消灭,相比较而言,精神激励效用对经营管理者是逐渐递增的。但是,对声誉的激励也有其负面影响。❷ 纳拉亚南(Narayanan)(1985)❸、沙尔夫斯泰因和斯泰恩(Scharfstein &

---

❶ O. Hart, J. Moore. Property rights and the nature of the firm [J]. Journal of Political Economy, 1990, 98 (6): 1119-1158.

❷ M. Dewatripont, I. Jewitt, J. Tirole. The Economics of Career Concerns, Part I: Comparing Information Structures [J]. Review of Economic Studies, 1999, 66 (1): 183-198.

❸ M. P. Narayanan. Managerial incentives for Short-term Results [J]. Journal of Finance, 1985, 40 (5): 1469-1484.

Stein)（1990）❶、比奇汉达尼（Bikhchandani）（1992）❷ 在研究中基于自己构建的声誉模型指出声誉可能导致管理者的保守和短视。因此，动漫企业在对管理者的激励方式上应当将声誉因素与其他因素综合考虑，建立具有可行性的效益最大化的激励机制。

（四）成就因素

取得成就是动漫企业经营管理者从事该项工作的主要动机之一，其在工作中为动漫企业稳定、高效与可持续发展的贡献，就是管理者成就需求的表现。管理者对成功与挑战的追求，将实现有难度的工作目标视为乐趣，是其成就需求作用下的内在激励作用。结合成就因素的各项特点来看，具体的激励方法表现为对工作目标、过程和结果的激励。目标激励，即对工作目标进行合理设计，引导经营管理者的动机与行为，也就是说，通过实现设定的工作目标，使经营管理者在实施具体行动时具有方向性。管理学研究表明，设定目标对管理者工作绩效的影响十分明显，而要使目标激励发挥最大效用，应注意以下几点：第一，目标具有适度的挑战性，即目标实现既不能太容易也不宜太困难；第二，目标具体化，可量化的目标以便于工作效果易于测度和感知；第三，目标的内在化，管理者适度参与目标设定，可促使其将个人目标与企业目标有机结合。过程激励，即通过动漫企业经营管理工作本身所具有的多样性、复杂性、挑战性等特点，经营管理者在工作过程中的体会所带来的激励。结果激励，即伴随着某项具体工作的完成，同事、同行或社会各方对经营管理者在完成该项工作中各种方式的肯定、认可和赞誉，对经营管理者其他或下一轮工作产生的激励作用。

---

❶ D. S. Scharfstein, J. C. Stein. Herd Behavior and Investment [J]. American Economic Review, 1990, 80 (3): 465-479.

❷ S. Bikhchandani, D. Hirschleifer, I. Welch. A Theory of Fads, Fashion, Custom and Cultural Change as Informational Cascades [J]. Journal of Political Economy, 1992, 100 (5): 992-1026.

(五) 负激励 (约束) 因素

经营管理者在动漫企业中处于监管人的地位,对其具体行为除了一般性的激励,还必须进行有效的约束与控制。负激励因素可以源于企业内部或外部。利用公司治理结构推动投资者对经营管理者的监管是动漫企业内部约束因素的作用方式,一方面在于企业组织结构与关键人的监管,如股东与股东大会、董事与董事会、监事与监事会等对经营管理者的监管;另一方面在于企业实行的各项管理制度在客观上的监管,如知识产权制度、财务制度等。[1] 经营管理者的工作绩效都会在市场竞争中显现出结果,鉴于此,动漫企业外部约束因素主要是通过动漫企业外部的限制条件发挥作用,如动漫市场对经营管理者的约束,社会舆论对经营管理者的约束等。[2]

第四节 动漫产业知识产权价值分配中对消费者激励的影响因素

物美价廉是传统的动漫消费者所追求的在与创作者和生产者的交流过程中的唯一目标。然而,随着社会文化与经济发展水平的提高,生活方式与消费结构逐渐改变,消费者对所购买商品的形式内容和附加内容的需求日渐多样化的特点。消费者的动机与行为也呈现出多样化,与此同时,消费者自身的知识水平与文化素养的逐渐提高,为消费者进入价值创造领域提供了机会,而消费者参与动漫产业价值共创行为

---

[1] B.F.Skinner. Contingencies of reinforcement: a theoretical analysis [M]. New York: Appleton-Century-Crofts, 1969.
[2] [美] 弗里蒙特·卡斯特,詹姆斯·罗森茨韦克. 组织与管理——系统方法与权变方法 [M]. 傅严,等译. 北京:中国社会科学出版社,1985.

的激励因素也日趋复杂化。由于参与动漫价值共创并非消费者的本职工作,对消费者价值共创的激励应当以满足消费者某种需要的效能和利益为基础,设计能激发消费者参与积极性的激励因素。

一、问卷调查的设计

目前学界对于消费者价值共创的研究成果较少,笔者在探讨消费者激励影响因素时,以问卷调查为基础,从实践中总结动漫消费者的利益需求以及相应的激励因素。本研究主要探讨消费者价值共创积极性被激发状态与激励因素之间的关系,根据国内外有关激励因素理论研究,设计科学合理的问卷来评估激励消费者价值共创行为的激励因素。为了避免消费者对价值共创活动本身的不甚理解而产生无效问卷,笔者采用了以下几种方法。首先,调查时尽量避免较为生僻的专业知识的出现,主要运用消费者能够简单、快速理解的方式表达动漫产品创造、研发、运用等概念。其次,引导消费者看待激励因素时从更为广阔的角度进行思考,动漫消费者可能对动漫产品创新不熟悉,但根据其自身职业和知识范围,在其他领域可能有独特的见地,因此,调查不需要完全受制于问卷中的固定答案,以便于其理解和展现自己的独立判断。再次,在问卷调查开始前,对消费者有可能不太明白的语句进行相关解释,并告知在答题出现困难或问题时可向随时笔者询问。完成问卷设计初稿后,笔者请具有动漫产品消费经验的同学试填并提出意见,并由此修改与调整了问卷的部分内容,随后又找到几位笔者认识的动漫爱好者,请他们尝试填写问卷。最后,将问卷结果进行检查与对比,得到问卷在各方面已较为完善的结论。虽然该问卷的整个设计过程比较烦琐,但是,调查结果的正确性让笔者对后续研究产生了信心。

调查问卷的对象:普通动漫消费者。

调查问卷的发放渠道:(1)通过网络传播渠道,在动漫消费者聚集较多的动漫网站、论坛、QQ群、微博、微信公众号等发放调查问卷。(2) 通过实地调查渠道，在动漫消费者聚集地，如国际动漫节、动漫展会、动漫商品专卖店等，对动漫消费者进行调查。

调查问卷的设计：(1) 题型：本调查问卷包括单项选择与开放型填空两种题型，对普遍性问题采用单项选择题保证了调查结果收集、整理与分析的便利性与可操作性，与此同时，利用开放型填空题对所研究激励因素具有补充和启发效果。(2) 内容：问卷单项选择题设计的"激励因素"包括：利益因素、兴趣因素、粉丝因素、推介因素、荣誉因素。

调查问卷的回收：本次调查共收到有效问卷226份。具体的调查结果如表4.1所示，激励因素作用程度如图4.1所示。

表4.1 消费者参与动漫项目开发的影响因素调查结果统计

激励因素	非常正确	有些正确	不好说	有些不正确	非常不正确
金钱奖励	33.19%	39.82%	19.03%	5.31%	2.65%
获得特殊的动漫纪念品	39.38%	42.04%	12.83%	3.10%	2.65%
对该动漫作品本身很感兴趣	68.58%	21.24%	6.64%	2.21%	1.33%
与喜欢的画师、声优、明星代言人等亲密接触的机会	38.50%	33.63%	14.16%	8.85%	4.86%
获得参与活动的荣誉证书，动漫企业公开鸣谢，作品中署名	11.50%	30.53%	30.09%	17.26%	10.62%
被广告宣传吸引	7.08%	34.51%	38.05%	11.50%	8.86%
被好友推荐	15.04%	44.25%	30.97%	4.42%	5.32%

二、对动漫消费者的普遍性激励因素

普遍性激励因素是对消费者激励理论中普遍存在或实践中经常用到的激励因素，即笔者在问卷调查中以单项选择题呈现的激励因素，主要包括兴趣因素、利益因素、粉丝因素、推介因素、荣誉因素（见图4.1）。

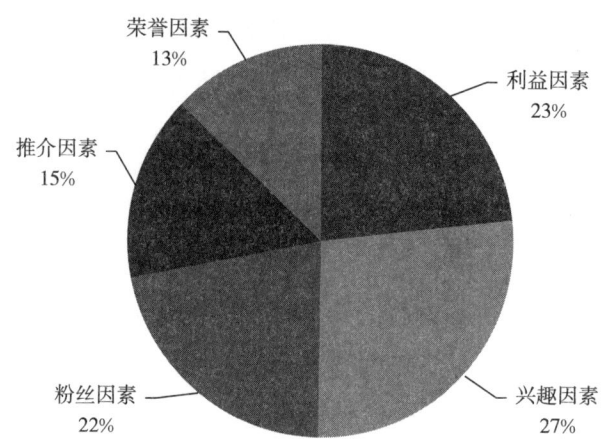

图 4.1　动漫消费者的普遍性激励因素

(一) 兴趣因素

由图 4.1 可知，从问卷调查的结果来看，对动漫消费者参与价值共创活动激励程度最强的影响因素是兴趣激励，从表 4.1 中可以看出，约 90% 的受访者表示"对该动漫作品本身很感兴趣"是激励他们参与价值共创活动的主要原因。根据前文所述的基于知识创新的激励理论研究，笔者认为，当用于生存的基本物质需求得到满足时，自我价值通过从事自身喜爱的工作而得到实现。动漫消费者进行创新活动一般而言并不是以谋生为目的，而是在于自身对某一领域的强烈兴趣。

对于心理学而言，兴趣是个体精神需求的形式之一，在兴趣的作用下，个体会优先且积极的对某些事物予以关注。在实践中，作为动漫消费者，其较低层次的物质需求已然得到有效满足，而兴趣这种内在的心理倾向更多地表现为对更高层次精神需求的追求。因此，在动漫知识产权的价值共创活动这项业余工作中，消费者更倾向于发挥特长与拓展兴趣，从中体验自我价值和个人成就感的实现。

兴趣成为激励消费者参与价值共创主要因素的原因在于，首先，提升了消费者的幸福感。如前文所述，动漫产业价值共创下的知识产权激励目标之一就是提升幸福感,与创作者与生产者必须从事本职工作不同,消费者在价值共创中从事的是业余的、兼职的工作,因此工作的幸福感尤为重要。参与动漫知识产权的价值共创工作能够为消费者带来幸福感与满意度的原因之一就在于为其提供了一个发掘兴趣的机会、渠道与空间,使从事兴趣强烈的工作内容本身成为更有效、更充分的激励手段。其次,带动了消费者的使命感。在价值共创活动中,责任与兴趣相伴而生。兴趣来源于消费者自身的爱好,责任则在于为动漫知识产权创造价值的共同目标,当两者以科学合理的工作设计与激励机制实现融合,消费者能够产生与之相对应的使命感,以积极的、负责任的态度完成动漫知识产权的创新性工作。最后,实现了消费者自我价值。对于动漫消费者来说,自我价值的实现主要来源于本职工作的完成,然而,自我价值的衡量标准主要由个体自身的精神需求决定,兴趣作为动漫消费者动机与行为的重要倾向性,心理暗示在其中发挥了重要作用。因此,消费者在具有强烈兴趣的业余工作中,也能完成自我价值的实现,挖掘与发挥自身潜能,激励参与动漫价值共创活动的积极性。

动漫企业利用兴趣因素激励消费者共同创新应注意以下几点。第一,了解消费者。实行兴趣激励的基础和前提是动漫企业对动漫消费者兴趣所在的充分了解。动漫企业可以在商品销售中完善信息反馈环节,以收集和整理目标消费者的相关兴趣信息,进而对消费者群体进行分类管理,识别目标消费者,面向具有不同兴趣的消费者群体有针对性地推广适合的价值共创项目。第二,引导消费者。消费者参与价值共创时的主要动机和心理特征就是兴趣,而兴起作为一种独特的心理倾向,无法在约束与强制程度过高的情况下发挥作用,动漫企业只能通过适当的引导将消费者兴趣与价值共创项目或企业发展目标融为一体。需要注意的是,动漫企业应该根据之前对动漫消费者兴趣的了解,在结合价值共创项目的内容集中对具有某类兴趣的消费者群体进行激励,避免激励范围与效果过度分散,促进消费者个人兴趣与价值共创项目或动漫企业整体目标的结合。第三，尊重消费者。尊重既是价值共创活动中的基本礼貌与素质，也是对消费者工作成果的认可和自信心的促进。一是要对消费者的工作表现与绩效进行尊重；二是要对消费者发挥主观能动性的特点与个性进行尊重；三是要对消费者个人利益的需求进行包容与尊重。

（二）利益因素

在消费者激励效果中排名第二的是利益因素，主要表现为消费者为获得金钱或其他物质奖励而加入动漫价值共创工作。利益激励是最直接有效的一种激励因素，有受访者表示，利益激励是唯一能促使其参与价值共创活动的因素，其他影响因素对他来说根本不适用。消费者利益激励的作用方式与前文所述创造者、生产者的薪酬福利激励相似，在此不再赘述。另外，消费者利益激励也有其特点，如表4.1所示，关于利益激励因素的选项有"金钱奖励"和"获得特殊的动漫纪念品"两类，其中赞同"金钱奖励"具有激励作用的受访者约为73%，赞同"获得特殊的动漫纪念品"具有激励作用的受访者约为81%，并且在"非常赞同"，即激励作用程度高的考量中，"金钱奖励"只有约33%，而"获得特殊的动漫纪念品"则有约39%。受访的动漫消费者更偏向于获得特殊的动漫纪念品，而非单纯的金钱奖励，原因在于，第一，绝大部分动漫消费者都已有相应的经济来源支撑其日常生活，物质激励本非其进行价值共创工作的必要条件，在此物质激励主要是因为消费者付出了相应劳动，理应获得一定的物质回报。第二，特殊的动漫纪念品是动漫消费者利益需求与自身兴趣的结合，因此相对于单纯的金钱奖励，大多数动漫消费者更倾向于具有同等价值的动漫纪念品。由此可见，在对消费者实行利益激励时，动漫企业应当对具体的激励方式进行考量，不能一味地采取粗放式金钱补贴，而应该选择最适合产品良性发展的用户激励体系，考虑时间纬度、适用范围、利益激励类型及激励成本，更加有效地激发动漫消费者的创新积极性。

(三) 粉丝因素

如表 4.1 所示,约有 72% 的受访者表示会因为"与喜欢的画师、声优、明星代言人等亲密接触的机会"而参与动漫企业组织的价值共创活动,由自己喜欢或者崇拜的人为主要因素而促发某种行动力,这就是典型的"粉丝激励"。

文化产业的崛起,让粉丝激励得以产生并逐渐发展完善。粉丝激励最为典型的应用领域是音乐、电影、动漫等,在传统制造业领域,企业是强势的,消费者是弱势的,消费者几乎没有话语权。但是,在动漫领域,部分忠实消费者已经转变为"粉丝",并具有一定程度的话语权与参与权。对粉丝因素进行有效利用的核心在于发展活跃粉丝与运用粉丝能量,对于发展活跃粉丝,动漫企业应当推动动漫作品营销,通过自媒体、新媒体等多种方式吸引潜在消费者;同时,有实力的动漫企业可以选择与高人气画师、声优、制作人、明星等合作,发起定制化活动,借明星之力提升价值共创活动参与度。

在动漫价值共创中,粉丝从"被动接受者"转变为掌握主导权的"主动参与者"。在粉丝激励中,动漫企业应当注意的是粉丝既是狂热的,也是挑剔的。从心理学的角度来说,粉丝对某人或物的喜爱,甚至迷恋,通常并非出于理性,而是情绪上的冲动。因此,粉丝效应在迷恋高位状态的时间较短,除非被迷恋的人或物与时俱进的从事创新性工作,使得"情绪冲动"在周而复始的循环刺激下,逐渐转化为"情感依恋"。动漫企业应当及时把握粉丝在"情绪冲动"中的短暂时间窗口与机会,加速"情感依恋"的转化效率,否则,在粉丝"情绪冲动"过后就会回归"情绪理性",并使粉丝效应进入"衰退期"。在"粉丝迷恋周期"的作用下,以粉丝激励形成的价值共创活动"其兴也勃焉,其亡也忽焉",动漫企业只能努力适应"粉丝"的力量与选择。因此,在粉丝激励因素下的价值共创在短时间内连续推出全新产品的难度较大,更多的是大量采用微创新,实现快速迭代。

在运用粉丝激励时，动漫企业应注意以下四点。第一，粉丝需求。粉丝与普通消费者的需求与行为动机具有一定差别。普通消费者在理性思维（工具思维）的作用下注重对性价比的考量，而粉丝在"情绪冲动"或"情感依恋"的感性思维（玩具思维）的作用下注重对认同感、归属感、参与感和炫耀感等的追求。相对而言，粉丝比普通消费者对价值共创的贡献度要大得多。第二，粉丝忠诚度。喜新厌旧是人之常情，在"粉丝迷恋周期"的作用下，粉丝忠诚度的构建与维护就显得尤为重要。第三，及时原则。即要在粉丝效应的"衰退期"之前及时推出价值共创活动。在此，及时其实是相对的，当处于"情感依恋"的粉丝占消费者主体时，粉丝效应的作用周期相对较长；当处于"情绪冲动"的粉丝占消费者主体时，"及时"的时间窗口则相对较短。第四，公平原则。根据个人喜好和能力，不同粉丝在价值共创中的参与和贡献度也有一定差别，因此，要在公平原则的指导下，对具体粉丝的激励表现出相匹配的差异，使参与度与贡献度较高的粉丝获得较多的回报，既可以是物质层面的，也可以是精神层面的。鉴于此，应当构建公平的激励机制，并借助大数据技术准确记录、分析、评估价值共创参与者的具体行为与贡献。

（四）推介因素

推介激励是吸引潜在消费者的常见措施之一，在新媒体和社交网络兴旺发展的环境下，动漫企业可以借助消费者的社交网络来拓展消费者价值共创参与度，尤其是以中小型企业为主的动漫产业，消费者资源尤为重要。推介激励与口碑相似，在不具有商业利益的个体之间对某种产品、服务、品牌或者企业的直接交流与评价就是口碑，是营销推广的主要方法与手段之一，口碑具有作用时间长、作用见效慢的特点，处于创业阶段或资产规模较小的动漫企业无法承受，因此，在现代经济形势下，动漫企业一般采用推介激励的方式拓展消费者资源。需要注意的是，我国动漫企业以中小型为主，实施推介激励需要根据不同情况通过合理设计进行成本控制。

由表4.1可知,推介因素包含"被广告宣传吸引"和"被好友推荐"两个选项,其中"被广告宣传吸引"认同率较低,仅42%的受访者认为他们会因为广告宣传而参与价值共创,与此同时,约有59%的受访者认为"被好友推荐"能使他们开始关注价值共创活动。好友推介比广告推介的激励效果更好,其原因在于好友推介是(已有消费行为的)消费者与其好友(潜在的消费者)之间的直接交流,而广告推介的受众较多,针对性不强,且消费者对好友推介的信任度高于普通广告推介。

好友推介激励是促进和推动潜在消费者加入价值共创活动的有效方法,一般而言,动漫企业通过消费者的社交网络来实施推介激励,社交网络的发展为好友推介提供了便利,社交网络的连接形式、结构与程度也对推介激励的效果产生影响,当动漫企业的营销推广和市场渗透或者消费者的推介效率较高时,推介激励会显著提高价值共创参与程度。由表4.1可知,对激励效果表示"不确定"的选项中,"被广告宣传吸引"约占38%,"被好友推荐"约占31%,在所有激励因素中比例最高,由此可见,推介激励的成功率与推介的方式、质量、被推介人的心理状态等有关,动漫企业应对推介激励进行合理设计,以提高持中立观点消费者的积极性。

动漫企业在进行好友推介激励时,应当注意以下三个方面。首先,关注好友推介激励中邀请者的信息反馈。根据邀请者对于企业价值共创活动的兴趣度和满意度,有效地刺激邀请者发出邀请。其次,邀请奖励的适当运用。关系强度对推介的形成有一定影响,强关系中,推介成功率较高,而弱关系中,邀请奖励可以有效提高邀请者实施推介的倾向。最后,关注被邀请者的采纳。好友推介激励的成功需要经过两个步骤,第一步,邀请者实施推介,第二步,被邀请者对推介的采纳,只有当被邀请者采纳邀请者的推介行为时才完成了一次成功的好友推介。需要注意的是,好友推介激励在借助消费者社交网络的同时,必须对邀请双方的心理和行为模式进行考量,以提高好友推介的成功率。一般说来,选择社交网络中互动活跃的消费者通常对社会关系维持与互动的需求较高,因此作为推介激励的双方能够有效提高好友推介的成功率。

(五) 荣誉因素

荣誉因素是典型的精神激励因素,在动漫价值共创活动主要表现为获得参与活动的荣誉证书、在作品中署名、动漫企业公开鸣谢等。如表4.1所示,荣誉因素是所有激励因素中赞同率最低的影响因素,约有28%的受访者明确表示不认同荣誉因素的激励作用,另有约30%的受访者表示无法确定荣誉因素是否有激励作用。

根据行为科学理论,只有尚未满足的需求才具有激励功能,对于已经满足的需求因素的激励,只能对消费者满意感产生作用,而并不能对实际行为产生影响,因此,并不是所有需求的满足都能实现激励功能,只有对个体期望值较高的需求的满足才能实现激励效应。对于荣誉激励来说,消费者对荣誉需求的期望值决定着荣誉激励的实施效果,即只有当消费者都期望因价值共创工作成果中凝结的个人贡献较多而得到更大的满足,消费者都期望因自己比别人取得更好的工作成就而获得更大的满足时,荣誉才能激励消费者参与价值共创活动,并取得更好的工作成绩。获得荣誉的期望越强烈,消费者受到的激励就越大。然而,在现实中,大多数消费者并不期望在业余工作中能够取得很高的成就,消费者参与价值共创活动时,一般都带着尝试、娱乐、体验的心理,因此,对获得荣誉的期望值并不高,这也是荣誉激励效果较差的主要原因。

笔者认为,尽管问卷调查结果表明,荣誉因素的影响程度较小,但动漫企业不应放弃价值共创中的荣誉激励。其一,调查中仍旧约有42%的受访者表示赞同荣誉激励的效果;其二,荣誉感是自我激励的动力和源泉,它比物质激励的作用更为持久。针对目前情况,动漫企业不能一味强调从精神上调动消费者的创新积极性，而否认物质激励的作用，应当将荣誉激励和物质激励二者有机结合起来，提升激励效果。

三、对动漫消费者的补充性激励因素

补充性激励因素的分析是问卷调查过程中，消费者基于自身情况提出的普遍性激励因素中未包含的激励因素，即笔者在问卷调查中以开放型填空题收集到的激励因素，其中出现次数最高的是人际关系因素与工作环境因素。

（一）人际关系因素

人际关系是指不同个体在借助某种媒介而实现的交流与互动中产生的思想、意识与情感关系。我国在社会运行中具有较强的关系取向性，包括个体交往的互动与合作，以及社会交往的协同与和谐。受访者提出的人际关系激励主要包含两个方面，第一，在动漫价值共创中结识志同道合的动漫爱好者，扩大自己的人际关系网；第二，价值共创团体内部良好的人际关系。

对于第一个方面，维持旧的人际关系和寻求新的人际关系是个体社会化需求得到满足的主要来源，与音乐爱好者、电影爱好者等群体相比较，动漫爱好者属于相对小众的群体，且偏年轻化，对于寻求志同道合的动漫爱好者欲望较为强烈。对于动漫消费者而言，人际关系与心理幸福感紧密相关，消费者愿意更大范围地建立、管理其社会关系。动漫价值共创活动可以为不同地域、职业、年龄、性别的动漫爱好者建立联系，消费者通过参与价值共创，有可能发展新的社会关系，与具有共同兴趣爱好的消费者、创作者、普通工作人员等形成朋友关系。动漫价值共创能够满足动漫消费者的社会化需求的原因在于，动漫价值共创本身新奇、时尚的特点能够满足消费者对独特体验的需求；另外，动漫价值共创中的互动方式能够满足消费者对持续建立新的社会关系的

需求。

对于第二个方面,动漫企业在帮助消费者构建价值共创中的人际关系时,既要为消费者创造充分互动的机会,又要利用有效措施避免冲突与矛盾的发生概率,推动价值共创团队中人际关系的有序、和谐发展。当消费者在价值共创活动中建立了自己的人际关系,交互中的消费者们在价值共创过程中,通常都倾向于维护团队的福利,以团队的发展目标为前提,提高自我奉献的自觉性,增强价值共创工作成果。一般而言,动漫创作者与生产者志同道合,他们在共同愿景的激励下和谐共处,自觉努力工作。人们之间的良好关系与愿景是创新工作的坚实基础,此阶段的人际关系激励所焕发的工作努力效果是自觉发生的。然而,在价值共创阶段,随着消费者的参与,人际关系网络的范围扩大,主体增多,动漫企业应当在公平原则的基础上构建和执行一系列人际关系相关的管理制度,使价值共创团队中的人际关系维持在稳定有序的状态。

(二) 工作环境因素

工作环境因素是指价值共创活动中工作强度、工作地点、工作场所、工作舒适度等来吸纳和稳定消费者参与积极性的影响因素。受访者表示工作环境对于他们做出参与价值共创的决定具有一定影响,良好的工作环境能有效激发他们参与的欲望,而较差的工作环境会使他们对价值共创活动产生厌恶感。

消费者是价值共创的核心力量之一,其特点在于工作随意性强、需求层次高、流动性强。因此,环境宽松而舒适,氛围温馨,心情愉悦,消费者的潜能才能得到充分发挥。良好的工作环境是一个能够让消费者获得与其贡献相适应的回报的环境,所以,只有当消费者对回报感到有所值时,才能达到吸引、留住消费者的目的。

第五节　动漫产业知识产权价值分配中的激励控制因素

相同的激励因素在不同的价值共创环境下的激励效果会出现一定差异，因此，笔者将从激励因素到激励绩效之间的变量称为价值共创激励的控制因素。控制因素种类繁多，从宏观环境上包括制度规定、经济发展趋势、产业背景、技术水平与文化意识等，从控制过程上包括激励前期、中期与后期等，从控制对象上包括对激励主体的控制、对激励客体的控制、对其他参与人员的控制等。在总结前人研究结果和我国动漫产业发展现状的基础上，确定了以下几个价值共创下动漫产业知识产权激励的控制因素。

（一）公司治理因素

公司治理是指兼顾企业内部与外部的整体机制，以推动企业经营管理者在工作中履行职务而作出的决策是以企业投资者的利益最大化为前提和基础。[1] 公司治理是动漫企业运行和发展的基础，公司治理方式也从某种程度上决定着价值共创工作开展与否、实施频率、参与程度等，对价值共创主体的参与热情与贡献度均产生影响。公司治理结构对价值共创激励效果的影响主要表现在：第一，对价值共创的投入程度。动漫价值共创属于创造性工作，创新成果的产出和效用具有不确定性，在公司治理体系中管理者对价值共创的投入影响着价值共创工作的开展和后续成果的产出与投入使用。第二，投资者和管理者的角色。一方面，在企业股权分散的背景下，投资者对管理者的监管能力较

---

[1] D. K. Denis, J. J. McConnell. International Corporate Governance [J]. Journal of Financial and Quantitative Analysis, 2003, 38 (1): 1-36.

弱，管理者侵害投资者利益以满足自身利益的可能性较高；另一方面，在企业股权集中的背景下，实力较强的投资者侵害其他中小投资者以满足自身利益的可能性较高。第三，股权结构和融资结构的影响。❶ 实行不同股权结构和融资结构的动漫企业，其企业内部管理风格也存在差异，对价值共创工作和价值工作主体激励的主要推动均有所不同。

(二) 企业文化因素

企业文化是指企业全体人员所拥有的共同价值观，它能促使动漫企业所有雇员自觉为实现组织目标而努力工作，且表现为集体无意识状态。企业文化是企业内部对个人与集体的关系、公平与效率的偏好、不同岗位权利差距等问题约定俗成的观念，具有涉及范围广、形成时间长、作用于无形等特点，主要体现企业的人文特色，以促使企业中的所有雇员的行为目标与企业的预期目标相一致。❷ 完善且优秀的企业文化能够为价值共创提供一个良好的组织环境，能够满足参与主体的精神需求。企业文化在形成过程中会受到社会意识形态、主流价值观念以及社会风气等因素的影响，在不同的社会经济文化环境下，动漫企业也会形成相应的企业文化。企业经营过程中的期望行为通常会受到企业文化的影响，而当企业的期望行为与价值共创工作不匹配时，会产生价值共创激励中一系列复杂问题。❸ 因此，从根本上说，价值共创激励的效果是受到了企业文化的影响。

(三) 管理者对价值共创的态度因素

一般来说，价值共创活动的主要组织者是动漫生产者，即动漫企

---

❶ 杨瑞龙，周业安. 企业共同治理的经济学分析 [M]. 北京：经济科学出版社，2001.

❷ G. Hofstede. Culture's Consequences: International Differences in Work – Related [M]. LA: Sage Publications Ltd, 1980.

❸ G. Hofstede. Cultures and Organizations: Software of the Mind, Intercultural Cooperation and its Importance for Survival [M]. New York, NY: McGraw-Hill, 1991.

业，而动漫企业的行为主要由其经营管理者掌控。管理者对价值共创的态度直接影响了价值共创活动的效果，实践中，管理者如果对价值共创并不重视，他们可能将该项目授权给其他人进行决策和控制，没有负担起作为生产者与创作者和消费者互动的责任，甚至于从一开始就否定价值共创活动的实行。具体而言，管理者对价值共创的概念、行为方式和可能取得的成就是否了解，对价值共创活动是否支持，对价值共创决策是否重视，对价值共创在企业创新中的地位是否有充分了解等，都直接影响价值共创激励的效果。

(四) 个体差异因素

激励方法的确定受到激励客体的自身需求与特点的影响，价值共创的同一类激励客体也具有一定程度上的个体差异，如性格、爱好、年龄、学历、人际关系、价值观念等都可能对最终的激励效果产生影响。对同一因素的激励效果的确定取决于激励客体的上述个体特征，因此，在利用激励因素构建激励方法与机制中应当对各环节和各要素的有机衔接与功能整合进行综合考量。对个体差异因素的充分认识，有利于对某一类激励客体进行激励时，针对这些差异因素及时调整激励方法，以达到激励效果的最大化。

以年龄因素为例，价值共创参与者的年龄对其思维方式、行为方式以及对需求的满足程度均有一定影响，因此，对同一种激励因素会表现出不同的激励效果。豪尔（T. Hall）通过对年龄和绩效的交叉研究，将一个人的事业周期划分为四个典型阶段，如图4.2所示，在事业周期图中，纵轴为从事工作的绩效，横轴为年龄。

由图4.2可知，这四个阶段分别为：第一，立业阶段（20~25岁）。个人的主要工作内容是在尝试与学习中适应工作环境，积累工作经验，提高工作效率。第二，前进阶段（26~39岁）。个人在工作中由于工作经验的积累而走向专业化，逐渐展示出自己的才华。第三，维持阶段（40~60岁）。个人的主要工作内容是培养和指导其他雇员，此

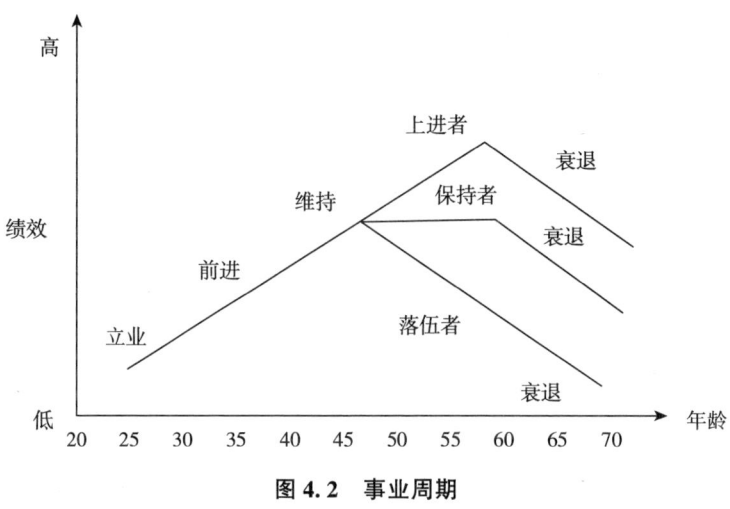

图 4.2　事业周期

时，根据不同的性格、职业、知识水平等因素，个人可能会显现出三种不同的发展趋势：其一继续保持上升的势头；其二保持平和的稳定状态；其三逐渐转入回落状态。第四，衰退阶段（60岁以后）。个人的工作绩效开始下滑。由此可见，对价值共创活动参与者的选择中应以立业阶段、前进阶段和保持上升势头的维持阶段的个体为主，更有利于激励效果的发挥。

综上所述，笔者认为激励效果实际上利用一定的外部刺激促使激励客体的行为朝着激励主体所期望的目标而改变。现实生活中的激励情境复杂多变，充满着各种不确定因素，不同的激励对象有其独特的激励影响因素，没有普适的绝对有效的激励方法，各种具体的激励情境需要不同的激励因素进行组合。即使我们确切知道何种指导和强加行为能够引起何种行为结果的持久性，但实践中的效果仍然具有个体差异。激励对象的需求存在差异，且会随着时间、阅历、地域、文化层次的改变而变化，这就使得相应的激励机制具有复杂性特点，而必须基于对激励影响因素的准确评估，对激励机制进行构建与完善。

第六节 本章小结

本章是对价值共创下动漫知识产权创新主体激励因素的研究分析。第一，本章论述动漫产业知识产权价值分配相关问题，分析动漫产业知识产权价值构成，并指出价值共创下动漫产业知识产权激励机制的价值分配原则应当是利益均衡。第二，总结动漫产业知识产权价值分配中对创作者激励的影响因素，包括绩效型薪酬、工作自主权、晋升机会、宽容失败、人与组织匹配。第三，分析动漫产业知识产权价值分配中对生产者激励的影响因素，包括薪酬、权力、声誉、成就和负激励因素。第四，通过实证分析总结动漫产业知识产权价值分配中对消费者激励的影响因素，首先基于文献综述和相关访谈对动漫消费者激励因素进行整合提炼，其次利用设计的问卷，组织问卷调查，分析问卷结果，对调查得到数据进行统计分析，获得动漫消费者激励因素的分类因素结构和具体因素结构。第五，分析价值共创下动漫产业知识产权激励机制的控制性因素，主要有公司治理、企业文化、管理者态度和个体差异。本章研究得到的结论对于动漫企业制定科学合理的激励政策将起到非常重要的作用，企业可以根据分类因素设计激励方案，也可以考虑给予的启发，在制定激励政策时可以优先考虑哪些因素，控制变量的作用规律对于动漫企业制定激励政策也是一种提示。

第五章　价值共创下动漫产业知识产权激励机制运行模式

基于动漫产业区别于其他产业的差异性与特殊性，动漫创新具备其自身特性。价值共创是当前动漫产业知识产权创造力激励机制运行模式构建与发展的核心动力与指导原则，具备丰富的内涵、复杂的框架与细致的流程。本章对价值共创下动漫产业知识产权激励机制的运行特点、运行机能、运行模式组成、激励主体与客体及其交互作用机理、激励层级及其交互作用机理、运行模式的整体框架进行深入研究，以期为价值共创下动漫产业知识产权激励机制运行模式进行较为系统而完善的研究。

第一节　价值共创下动漫产业知识产权激励机制运行的基本理论

动漫产业价值共创下的知识产权激励机制的运行模式是指动漫产业中影响知识产权创新的诸多内外、主客观要素相互联结，在一定形式的作用方式与外部环境的影响下，在互相影响的动态关系中所构成的复杂的运行系统，在其运作过程中所形成的互动关系的总和。动漫创作者、生产者和消费者有着追求动漫知识产权的共同目标，从而形成联结三者进行价值共同创造的本质纽带与根本动力，其动力既可以是正向激励，也可以是逆向激励。大体上讲，激励机制的运行驱动分为内部激励因素、激励控制因素和外部激励因素。内部激励因素是从内部驱动价值共创系统的各差异性主体进行协作共创的相关要素，内容主要有自我的发展需求、利益追求、外部诱发转化成内驱力等相关驱动因素。激励控制因素并不直接作用于主体产生激励效应，而是对激励程度与最终的激励效应进行控制与调节，如企业文化、参与者年龄等因素。而外部激励因素是指价值共创合作主体以外的能够促进协同创新的外部驱动因素，诸如动漫政策、社会态度与认识、市场拉动等典型的外部激励因素，既能够促进共创主体内部激励因素的发展，又能在一定的条件下通过一定途径转化为内在激励因素，从而推动各个主体价值共创的意愿与行动。在构建与完善动漫产业价值共创下的知识产权激励机制时，必须综合考虑各驱动因素的不同内容性质、发挥作用的不同方式、在驱动系统中的地位以及各个要素的相互关系，制定相应规则，规范程序，以不断优化各驱动因素的合作序列与动态组合，消除消极影响，尽可能降低负面效应，最大化发挥积极功能，合力共筑高效、可持续、科学运行的动漫价值共创系统。

一、价值共创下动漫产业知识产权激励机制的运行特点

（一）全面共享性

全面共享性动漫产业知识产权价值共创平台的本质特征在于其开放性与共享性，平台内的信息与资源是彻底开放并全方位共享的，各个创新主体具有丰富、便捷的信息获取途径与手段，各主体之间的交流与共享基本实现零障碍。为扩大与完善价值共创激励机制的共享性，平台构建需不断改进相应的制度规范，保障信息开放与共享，并基于这种共享性强化各创新主体的价值共创性，提升动漫产业创新的积极性与效率，最终实现动漫产业的创新目标。

(二) 目的性

目的性是一切人造系统存在的依据。动漫知识产权价值共创激励机制的目的就是产生强大的驱动力，推动动漫创作者、生产者、消费者形成动漫创新的协作与共创模式与机制，而为了保证这一目标的实现，必须维持各个激励要素运行的协调性，降低冲突与负面效应。

(三) 相互依赖性

一方面，价值共创中的构成要素是相互依赖的。动漫知识产权价值共创激励机制是激励对象、目标、制度与方法的结合，价值共创中存在着动漫创作者、消费者、企业、政府等创新主体，同时，也存在着版权、专利、物质与精神等激励制度与方法，各要素互相联结，在动态化的互动中相互作用形成牵一发而动全身的复杂关系，其中任一要素的变动都会引发"蝴蝶效应"，波及其他因素的作用发挥，并最终影响机制的整体绩效与总体功能。要素之间通过复杂的联结方式、组织形式与运行规则构建成激励机制的系统结构，该结构的科学性与运行效率直接影响价值共创激励机制的运行态势，并最终决定创新的效率与能力。另一方面，动漫知识产权价值共创激励机制并非独立存在，而是与机制外部环境相互影响、相互依存。激励机制的建立与发展依赖于制度、法律政策、社会、市场、文化教育等外部环境，受其影响与制约。

(四) 整体性

所谓整体性是指激励机制中的各激励要素互相联结，在动态的发展运行中互相影响，构成一个密不可分的互动整体。激励机制功能发挥建立在各激励要素的作用正常发挥以及各个要素之间的协调性的基础之上。动漫知识产权价值共创激励机制并非要素的浅层次相加或者数量堆积，而是各要素之间相互联结、相互作用，构成一种非线性整体网络关系的有机体系，要素与要素之间、要素与环境之间时刻保持着各种创新资源的开放性与共享性，形成大于各个要素各自功能之和的高效合力，促进价值共创机制的效益发挥。因此，动漫知识产权价值共创激励机制不是简单地提升各要素自身的创新效率，更是要强化各要素之间的协调性、合作性与互动性。

(五) 层次性

动漫知识产权价值共创激励机制运行模式中的激励途径具有层次性与形式多样性的特点。创新系统内便捷通畅、层次丰富的信息传递与共享机制保证了各个主体、客体与环境的沟通需求，创造了必要的协作条件。价值共创活动为动漫知识产权创新创造了更加科学的创新平台，使得创新活动延伸至各个层次、渠道及价值链条之中。因而，其中的激励机制也涉及多个层次。

二、价值共创下动漫产业知识产权激励机制的运行机能

作为一个高效的动漫产业价值共创中知识产权激励机制的运行模式，从创新主体的创新行为来说，主要包括以下三个方面机能。

(一) 驱动机能

即引起价值共创的各种激励作用。激励机制在运行过程中能够通过各激励要素之间的相互联系和作用，激发动漫创作者、生产者和消费者的创新动机，促进知识产权创新行为的产生。基于不同激励因素与创新主体的创新动力和具体状态的相关关系，可以通过调控不同因素的具体变量来观察研究对创新主体的具体影响，从而以此为依据确定各个激励因素对主体创新动力与创新行为的实际作用、客观影响以及发挥正向激励的科学方式，推动价值共创系统的最佳运行。

（二）选择与导向机能

在创新过程中，创新与非创新激励因素的任何变化与波动都能引起创新主体创新决策的变动，在每一个阶段，无时无刻都可能产生暂停、终止、间歇、更换、继续或者加快创新的决定，因此，价值共创中动漫产业知识产权激励机制的运行机能应当优化有利于刺激创新的积极因素的活力环境与获取渠道，以便于各创新主体予以选择，从而淘汰消极因素，降低创新抑制效应。主导反馈回路是研究各个激励要素运行的有效方法，通过研究动漫产业价值共创中知识产权激励机制中各个激励要素发挥作用的方式与对主体的激励程度，找出或促进或阻碍创新心理和行为的主导反馈回路，从而科学把握创新主体的差异性与特征，针对性地找准制约价值共创活动创新与发展的关键原因，为构建科学的激励机制创造科学根据。

（三）维持与强化机能

价值共创下动漫产业知识产权激励机制在运行过程中，通过对创新主体的特点和各种激励因素所引起的激励效果研究，应当对价值共创活动未来的发展变化趋势作出预测，预见其可能出现的问题，及时调整激励方式，使得激励机制具有全局性和长远性，对价值共创行为具有正强化作用，使创新活动能周而复始地运行下去。

三、价值共创下动漫产业知识产权激励机制运行模式的组成

价值共创下动漫产业知识产权激励机制运行模式主要由四个部分组成：动漫产业价值共创下知识产权激励的参与主体、动漫产业价值共创下知识产权激励的构成要素、动漫产业价值共创下知识产权激励的影响因素、动漫产业价值共创下知识产权激励的运作方式。

在第三章中，笔者已经论述了动漫产业价值共创下知识产权激励的

构成要素，具体包括激励机制的目标、对象、制度和方法。

在第四章中，也已经对动漫产业价值共创下知识产权激励的影响因素进行相关论述。如前所述，对动漫创作者的激励影响因素主要包括绩效型薪酬因素、工作自主权因素、晋升机会因素、宽容失败因素、人与组织匹配因素；对动漫生产者的激励影响因素主要包括薪酬因素、权利因素、声誉因素、成就因素、负激励（约束）因素；对动漫消费者的激励影响因素主要包括利益因素、兴趣因素、粉丝因素、推介因素、荣誉因素、人际关系因素与工作环境因素。与此同时，对创新主体不起到直接激励作用，但会对激励效果产生影响的激励控制因素主要包括公司治理因素、企业文化因素、管理者对价值共创态度因素和个体差异因素。

实践中，在价值共创下动漫产业知识产权激励机制运行过程中还会受到一些外部环境因素的影响，如制度环境因素、市场环境因素、民族文化环境因素、国际环境因素等。价值共创下动漫产业知识产权激励机制运行模式应当根据激励目标，对影响激励对象的各因素进行有机结合，建立合适的激励组织结构和运作方式。因此，本章主要研究价值共创下动漫产业知识产权激励的参与主体之间、激励层级之间的相互关系以及价值共创下动漫产业知识产权激励的运作方式。

第二节　激励主体与激励客体及其关系

一、价值共创激励的行为主体

价值共创激励由各创新主体和创新网络所涉及的其他参与者组成，价值共创下动漫产业知识产权激励的行为主体主要包括由动漫创作者、生产者和消费者组成的核心创新团队、动漫企业、科研机构、政府部门、行业协会、动漫产业基地。

（一）核心创新团队

核心创新团队在创新网络中的重要目标是实现动漫知识产权创造，主要工作涉及动漫版权创作、动漫技术创新、动漫衍生品开发和动漫市场信息反馈等。通过动漫创作者、生产者和消费者的交流与合作，收集、整理动漫产业发展前沿的信息与技术，了解国内外动漫知识产权发展动态，在进行动漫知识产权价值共创的同时，为整个创新网络的其他参与主体提供更多、更广泛的动漫创新信息资源。

（二）动漫企业

动漫企业是商业组织，利益是其得以建立的根本动力与发展源泉，效益最大化是其行为目标与行为本能，在价值共创中主要起到以下作用：一是紧跟核心创新团队的创新成果与研究方向及相关基础，评估创新成果的市场化前景、模式与市场价值；二是根据核心创新团队提供的消费者信息反馈，分析、预测动漫产业市场中消费者的消费需求与市场的发展趋势，从而进行企业研发管理决策，加强与市场需求的衔接；三是动漫企业作为重要的生产者，与核心创新团队共享创新活动中必要的资源信息并共同决策研发内容与方向。

（三）科研机构

科研机构为创新提供了大量的知识与技术，其科学技术往往在该领域或行业内处于领先地位，是国家创新体系的重要知识来源与技术保障。在整体动漫创新网络中，科研机构主要以外部咨询专家的身份参与到价值共创之中。科研机构在价值共创的知识产权创新构思中常起到关键作用，外部咨询专家的身份使其咨询活动和工作任务多样化，有助于广泛地提供各种价值共创核心创新团队需求的知识和技术可能性信息，从而使核心创新团队有更多机会将新技术、新思路与市场需要相结合,产生成功的知识产权创新构思。资源共享、优势互补、合作投入的方式有利于解决资源不足的缺陷,提升核心创新团队的创新成果产出率、市场转化率与成功率,从而实现多赢。

(四) 政府部门

政府部门在动漫创新网络中的作用主要体现在以下四点。第一,配置创新资源。价值共创成果产出需要大量的资金、设施、人力投入作为支撑,政府可以适当对动漫价值共创活动进行多方面扶持。第二,协调各行为主体的关系。价值共创以及各项创新工作的统揽全局的主导者是政府,对于动漫创新网络中各个行为主体起着重要的指导、协调和激励作用。❶ 第三,培育与完善创新环境。知识产权是动漫创新环境培育与完善的重要手段,政府通过宣传与教育,保护知识产权,鼓励创新行为,树立科学精神,在外部环境层面激励核心创新团队的创新积极性。❷ 第四,转化与应用创新成果。鼓励和促进价值共创成果的转化,提高知识产权成果运用效率。

(五) 行业协会与动漫产业基地

行业协会与动漫产业基地在创新网络中的作用主要在于:一方面,面向动漫企业开展知识产权相关的一系列专业化服务,如知识产权成果保护与转化、知识产权资源的优化管理与配置、其他咨询等。❸ 另一方面,强化创新主体之间的信息交流。行业协会与动漫产业基地作为信息与其他资源的平台,是联结各行为主体的重要媒介、共享各种资源的有效渠道,在创新活动中能够保持公正、独立立场,从而进行程序监督与公证,促进行为主体科学决策,协调各创新主体的利益关系与

---

❶ 王伟光. 创新与中国社会发展 [M]. 北京:中共中央党校出版社,2003:10.
❷ 傅家骥. 技术创新学. [M]. 北京:清华大学出版社,1998:346.
❸ 马松尧. 科技中介在国家创新系统中的功能及其体系构建 [J]. 中国软科学,2004 (1):109-113.

机制运行,不断提高整体利益。

二、激励主体与激励客体

激励主体即激励者,是指在组织中占主导地位、享有支配特权、对其他个体的工作方式起决定作用的个体。激励客体即被激励者,是指被激励主体实施的激励方式所影响而作出相应行为的个体。根据前文所述,在价值共创激励中的行为主体主要包括由动漫创作者、生产者和消费者组成的核心创新团队、动漫企业、科研机构、政府部门、行业协会、动漫产业基地。动漫知识产权价值共创激励机制中涉及的主要激励关系如下:首先,当动漫企业作为激励主体时,其激励客体主要是由动漫创作者、生产者和消费者组成的核心创新团队;其次,当政府部门作为激励主体时,其激励客体是其他所有行为主体,即核心创新团队、动漫企业、科研机构、行业协会和动漫产业基地;最后,当行业协会和动漫产业基地作为激励主体时,其激励客体主要包括核心创新团队、动漫企业和科研机构。

三、激励主体与激励客体的关系

(一) 激励主体与激励客体关系的绝对性

关于激励主体与激励客体之间的联系,西方激励理论中西方哲学二元论思想占据主导地位,该理论认为管理者发挥激励作用,处于主体地位,而被管理者属于被激励对象,处于客体地位。在价值共创这样的协作系统中,激励主体通过对个体的激励,促进动漫知识产权成果的产出,激励主体与激励客体是领导与被领导、管理与被管理、激励与受激励的关系,激励客体只能一味接受激励主体施加在其身上的管理手段,即激励主体与激励客体的关系具有绝对性。激励客体的协作意愿强调为了实现共同目标，必须在一定程度上牺牲个体的自我意愿与行为控制权，进行某种限度的自我克制，从而便于将各个主体的行为协调统一。该种认识过于突出了激励主体的主导作用和强势地位，而忽略甚至消除了激励客体的主体性。

(二) 激励主体与激励客体关系的相对性

参与动漫价值共创的激励客体具有能动性，其与激励主体并非单向的被动关系，而是能够实现双向影响的互动关系。激励主体做出激励行为后，激励客体对该行为的反应既可以是认同并执行的，也可以是忽略、反对甚至对抗的，当这种对抗达到一定程度，足以迫使激励主体不得不考虑客体的新需求，从而重新决策。由此，激励主体与激励客体的角色与地位出现对换，从这个意义上来讲，激励主体与激励客体的关系又具有相对性。第一，价值共创激励机制的主要机能之一是强调与发挥创新主体的主观能动性，因此，激励角色的转变可以发生在上下级或同级之间。第二，激励主体与激励客体关系的相对性还可以体现在实现自我价值的方面。激励机制发挥作用的极致是推动行为主体内生的自激励。基于创新主体认识与发展的目标，可以将主体自身转化为激励客体，予以研究、认识与评估，以及对思想与行为方面的管理。第三，激励主体与激励客体关系的相对性不仅表现为联结与形成的主动性，还表现为关系解除时的激励主体或客体的主动权。在主客体的双向关系中，双方都拥有重新选择权，而也正因如此，巩固与强化了双方的联系与约束，进而增强了系统整体的良性运行。

第三节 激励层级及其交互作用机理

一、价值共创的层级及其交互作用

动漫知识产权价值共创的行为主体可以分为三个层次：创新主体层、决策管理层、支撑平台层。

创新主体层的个体包括：参与价值共创的动漫创作者、生产者、消费者，以及由他们组成的各种创新团队。创新主体层是价值共创的核心环节，价值共创活动的知识产权成果均由该层级直接产出，因此，创新主体层也是价值共创激励机制的主要激励对象，受到来自价值共创其他层级、内外部激励因素的多重激励。

决策管理层的个体主要来自政府部门，可分为两类：知识产权相关政府部门和动漫产业相关政府部门。决策管理层的主要作用在于对价值共创活动进行指导、协作和激励，决策管理层涉及的各政府部门通过协商，综合考量政治、经济、社会文化、科技水平等多方面因素，根据实际市场需求情况，引导价值共创活动的开展、模式构建、资源调配、权益保障等工作。

支撑平台层的个体包括动漫产业园、动漫产业基地、动漫行业协会，相关科研机构以及其他动漫产业服务平台。支撑平台层的主要作用在于对价值共创活动进行支撑、协助和激励，根据决策管理层的指导、委托或沟通，结合动漫产业实际发展状况和趋势，对创新主体层的创新活动的各项需求进行多方面、多种类的帮助，并为创新成果产业化、市场化提供支持，其性质可以是营利的，也可以是非营利的。

创新主体层、决策管理层和支撑平台层在价值共创系统中协作发掘动漫市场的消费需求，不断创造知识产权并进行产业化生产和市场化扩散，在动漫知识产权价值共同创造的活动中互相激励。同时，决策管理层指导与协作支撑平台层与创新主体层的创新活动，支撑平台层支持与协助创新主体层进行创新，三者之间相互协商与协作，形成良性互动关系。

二、激励的层级及其交互作用

价值共创下动漫产业知识产权激励的层级应当分为微观、中观和宏观三个层面，微观层面、中观层面和宏观层面的各激励要素相互作用与影响，实现了对价值共创核心创新团队，即动漫创作者、生产者和消费者激励的复杂系统。

第一，微观层面的激励。微观层面的激励主要作用于价值共创中创新主体层，激励主体主要是动漫企业，它决定价值共创资源配置和使用，整合其他行为主体的创新活动，并能与其他行为主体共同对价值共创行为进行调节，是动漫知识产权价值共创活动的协调者、管理者、组织者和激励者。激励客体为参与价值共创的动漫创作者、生产者、消费者，以及由他们组成的各种创新团队。微观层面的激励以直接激励为主，其激励运行方式受到各创新主体的激励因素和控制因素的影响。

第二，中观层面的激励。中观层面的激励运行包括价值共创中的创新主体层、决策管理层和支撑平台层，其中决策管理层既是激励主体，也是价值共创投入、决策主体和最终收益主体，创新主体层是激励客体，支撑平台层具有激励主体与客体的双重身份。中观层面的激励目标是在各种创新资源优化配置的基础上，在知识创新成果产业化、商业化、市场化进程中对我国动漫产业的自主创新力、核心竞争力，乃至国际地位的提升。

第三，宏观层面的激励。宏观层面的激励主要是制度环境、民族文化环境、市场环境、国际环境以及其他激励要素共同构成的影响动漫创新网络的外部环境因素上的激励，主要以间接激励的方式对创新主体层、决策管理层和支撑平台层产生影响。宏观层面对微观和中观层面产生激励的同时,也受到来自微观与中观层面的反作用,改变着宏观层面的具体激励状况。

动漫知识产权价值共创体系中各主体之间,各层级之间,各主体与各层级之间的相互作用与影响是价值共创下动漫知识产权激励机制的基础,将之组织起来的具体运行模式直接影响着知识产权创新的效率。

第四节 价值共创下动漫产业知识产权激励机制运行模式的整体框架

一、价值共创下动漫产业知识产权激励机制运行的复杂性

要构建稳定、高效的动漫产业价值共创下的知识产权激励机制运行模式,需要对其运行的复杂性,以及运行中可能出现的问题有清晰地认识。[1]

(一) 多主体性

在价值共创激励过程中,除了动漫创作者、生产者和消费者这类创新主体,还会更多地涉及政府相关部门、行业协会、动漫产业园、科研机构等行为主体,这些主体间的交流、互动、协作、激励、成果转化与共享在动漫价值共创过程中起到不可替代的作用。

---

[1] Li Jizhen, Wu Guisheng. Building knowledge infrastructure to promote the knowledge economy (One Chapter). In: Sheeham P, Xue Lan (eds.). China's future and the knowledge economy [M]. Australia: Victoria University Press, 2001.

（二）创新主体的主动性

参与价值共创活动的各个主体具备主观能动性，能够不断根据周边环境变动作出不同的适应性改变，或者完全作出主观性决策。创新主体具有极大的多样性、复杂性与善变性，决定了旨在激励创新的价值共创激励机制在程序、结构与内容上的复杂性。

（三）多层次性

如前文所述，价值共创活动可以在创新主体层、决策管理层和支撑平台层各个层级进行，一项价值共创下的动漫知识产权激励具有结构与层次的多样性、多变性以及运行机制的复杂性特征，即在采用多个层次激励的同时，每个层级又能够形成不同形式的组合，不同层次、不同组合形成了相当丰富与复杂的整体激励机制，不同的激励措施则能够形成完全不同的激励效应。

（四）动漫创新本身的复杂性

随着科学技术和市场需求的发展与变化，动漫知识产权成果通常涉及多个行业、多种技术基础，而且各个单元之间以非线性关系相互联结与影响，构成复杂系统。动漫作品在内容与技术上的丰富性与复杂性，既创造了创新机遇，也提升了创新高度，并呈现出由单一到多样，再到复杂的螺旋式渐变上升路径。因此，动漫创新自身的复杂性决定了其激励机制的复杂性。

（五）创新环境的复杂性

动漫价值共创处于一个复杂善变的环境之中，社会、经济、文化都会对动漫创新产生影响，动漫创新必须不断适应环境变化，作出相应决策变动，从而呈现出一种动态性与不确定性特点，导致创新的复杂化。与此同时，动漫产业的社会价值与经济价值决定了动漫知识产权创新不仅应当创造出经济效益，更要求创造社会效益、文化效益、环境效益等，因此对动漫创新激励机制的运行状况也提出更高的要求。

二、价值共创下动漫产业知识产权激励机制运行机理

首先，外部驱动与内生优化的共同作用。一般来说，内因主导事物的发展，外因必须通过影响内因而产生实质作用。外部激励要素的确能够有效推动动漫产业的知识产权创新，但其真正发挥激励作用，归根结底仍然要通过诱导、唤醒、刺激与驱动等转换为内因。激励机制运行过程中通过一系列激励制度与方法，达到动漫价值共创下知识产权创新的外部驱动作用，在这种外部驱动下激发创新主体从事创新行为的积极能动性，由"他激励"向"自激励"转化，形成创新主体的内生优化型激励。

其次，动漫企业利益驱动力的重要作用。动漫企业在价值共创中具有价值创造的直接参与者和激励机制的制定与管理者双重身份，其主要动力因素，即利益在激励机制运行中是驱动企业创新的最本质动力，发挥着核心枢纽的功效。一方面，利益最大化是动漫企业的本质属性，也是其进行价值共创的根本目标；另一方面，来自动漫企业外部的各种动力因素，即来自决策管理层、支撑平台层，以及外部环境因素的影响与刺激，在本质与最终效果上，都将变成企业利益的驱动力。具体表现为：第一，市场需求。可以创造经济价值并获得利润的市场需求是动漫企业进行价值共创的根本动力。第二，市场竞争。动漫产业内激烈的同行竞争会形成客观的生存与发展压力，强迫各动漫企业在这种现实威胁与压力下加强创新。第三，政策驱动。政府采取各项措施推动技术发展，完善市场环境，促进动漫企业发展，这些政策措施一部分直接变成动漫企业的利益驱动力，另一部分则以需求拉力、竞争压力和创新推力的形式，间接转换动漫企业的利益驱动力。

再次，各主体之间、各层级之间，以及内外部激励因素之间的相互

作用。如前文所述，动漫知识产权价值共创的主要创新主体包括动漫创作者、生产者和消费者，创新网络包括决策管理层、支撑平台层和创新主体层，价值共创下动漫知识产权激励又包括微观、中观、宏观三个层面。在激励机制运行过程中各要素之间相互联系、作用及制约，是激励机制运行自我调节的方式，使价值共创活动协调、有序、高效运行，增强内在活力和对外应变能力。

最后，动漫创新网络进化与激励机制运行的非平衡特性。价值共创下动漫知识产权激励机制是一个开放的系统，在运行过程中具有能量、信息与物质等内容的运动，激励机制的运行模式并非一成不变，系统的动态性促进了创新的产生。与此同时，动漫创新过程中的竞争性使得可行性高与市场效益好的创新方案被采纳的概率提高，其他创新方案并不会完全消灭，而是以某种共同体的形式存续下来。由此，创新成果的数量与创新网络的复杂性都得到提升。目前，创新主要源自多样化的知识与技巧的有机结合与利用，鉴于此，在动漫创新网络进化与升级的同时，相应的激励机制在运行过程中也应当视具体情况作出相应调整。

三、价值共创下动漫产业知识产权激励机制运作方式

笔者用图 5.1 来表示价值共创下动漫产业的知识产权激励机制的运作过程。

综上所述，我们将价值共创下动漫产业知识产权激励机制的运作方式概括为：在外部环境因素的作用和影响下，来自创新主体层、决策管理层和支撑平台层的推动力和支持力都将直接或间接地转化为价值共创核心创新团队的驱动力，成为作用于动漫价值共创的动力源泉。对价值共创核心创新团队中的创新主体，即动漫创作者、生产者和消费者的激励主要受到各主体内部激励因素和激励控制因素的影响。价值共创活动的良性运行能够反过来对技术、市场、政府、环境等动漫创新

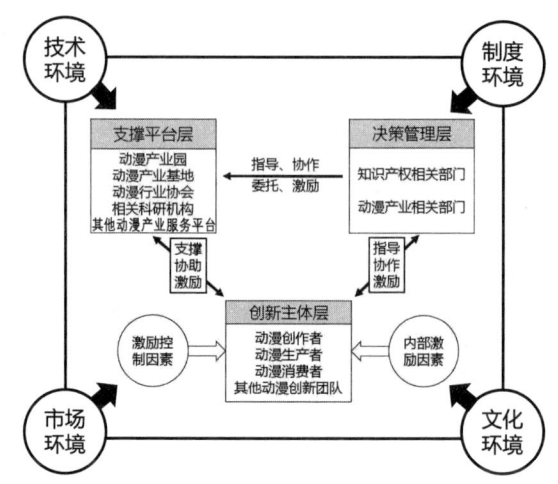

图 5.1 价值共创下动漫产业知识产权激励机制运作过程

网络诸要素产生积极的促进作用,并且驱动新的创新需求,为价值共创机制的运行创造更加优越的环境,促进更高级别的创新,整体上形成螺旋状的上升与发展态势。

四、价值共创下动漫产业知识产权激励机制的运行保障机制

具体来说,价值共创下动漫产业的知识产权激励机制的运行保障机制主要体现在以下四个方面。

(一)合作信任机制

价值共创体系中合作信任机制的嵌入必然增强各个创新主体的协作愿望。但同时存在的现实问题是,价值共创中各创新主体对于知识产权保护、核心资源拥有等方面都会无可避免地存在一定程度上的顾虑,导致在价值共创中形成条件反射性的自卫心理与保护行为。因此,在价值共创下动漫产业知识产权激励机制运行中,建立有效的合作信任

机制，使创新主体之间的相互合作和信任得到有效保证，是价值共创活动有效运作的基本要求。❶

(二) 信息交流协调机制

价值共创主体的异质性必然会带来协同创新过程中的利益纠纷与运行冲突。合作初期的机制优势符合各方利益，从而淡化与隐藏各方冲突，各创新主体享受着机制所带来的资源优势、信息便利、风险控制等可视利益，矛盾程度处于潜藏期，即便观点与决策不统一，也能在共同利益的驱动下在可承受范围内互相妥协。价值共创的逐步深化要求各主体进行更大的投入，从而获得更多、更长远的利益。此时基于利益最大化的考量，会出现"搭便车"的心理与现象，即各创新主体都试图投入最小成本，依靠其他主体的投入，共享其他主体的创新成果，获取自身最大的利益回报。"搭便车"现象的概率与可行性的上升直接引起各方产出与回报不均衡，从而引发利益冲突与机制危机。经过长期的利益博弈会反过来不断促进价值共创体系的完善和发展，各创新主体之间原本的利益冲突通过协商或者制度完善得以解决与妥协，各方逐渐形成均衡状态，矛盾冲突减弱。然而必须注意的是，后期均衡状态的出现不代表长期的和平，一旦环境变化、各创新主体实力发生变动或者产生重大的突破性成果，原有的均衡状态就会被打破，潜在的矛盾就会激化或者产生新的矛盾。因此，在价值共创中，各个创新主体之间建立良好的信息交流协调机制十分必要。价值共创下动漫产业知识产权激励机制促进创新功效的发挥、价值共创优势的实现，依赖于高效便捷的信息沟通与资源配置。在创新主体之间进行信息的交流和主体行为的调节与协同，促进主体交流与资源共享，推动激励机制程序运行与作用的发挥，从而形成协作合力，创造出远远大于单个主体能力

---

❶ L. G. Zuker. Production of Trust: Institutional sources of economic structure, 1840-1920 [J]. Research in Organizational Behavior, 1986 (8): 53-111.

简单相加的竞争优势,实现价值共创与共享。

(三) 主体互动机制

价值共创中各创新主体的互动是根本,知识共享、信息流通与资源整合以及更高层次的创新都必须以主体互动为载体。价值共创是知识创新的集合体,核心创新团队在吸收创新主体的知识的同时,进行知识的创造活动。基于价值共创以创新为核心的机制目标与优势,优势资源已经不再是传统意义上静态的知识储备,而是动态的知识运用与知识创新,具体表现为知识在各个创新主体之间的共享、利用、互助以及基于知识协作而形成的知识产权成果。在价值共创下动漫产业知识产权激励机制运行中,各创新主体之间的紧密协作,能够促进各方思想观念、科学技术、知识的共享,在碰撞与相互学习中创新与发展,不断扩大知识的外溢效应,同时提升创新主体的探索创新能力。

(四) 运行评估机制

运行评估机制作为价值共创下动漫产业知识产权激励机制运行的非常重要的保障机制,其主要作用是确定评价标准体系,完善价值共创成果的统计评价,及时公告评价结果,从宏观层面监督、指导动漫创新激励机制的运行与发展,推动动漫创新。

第五节 本章小结

所谓价值共创下动漫产业知识产权激励机制的运行模式,是指动漫产业中影响知识产权创新的诸多内外、主客观要素相互联结,在一定形式的作用方式与外部环境的影响下,在互相影响的动态关系中构成复杂的运行系统。本章首先对价值共创下动漫产业知识产权激励机制运行模式的特点、作用机能、主要构成等基本理论进行研究；其次对激励主体与客体及其关系，激励层级及其交互作用机理进行分析；最后分析价值共创下动漫产业知识产权激励机制的运行机理、运行方式和保障机制。通过对价值共创下动漫产业知识产权创新动力要素在激励机制运行模式中的相互关系与作用机理的分析，将价值共创下动漫产业知识产权激励机制的运作方式概括为：在外部环境因素的作用和影响下，价值共创核心创新团队的驱动力来源于创新主体层、决策管理层和支撑平台层的推动力和支持力，成为作用于动漫价值共创的动力源泉。对价值共创核心创新团队中的创新主体，即动漫创作者、生产者和消费者的激励主要受到各主体内部激励因素和激励控制因素的影响。价值共创活动的良性运行能够反过来对技术、市场、政府、环境等动漫创新网络诸要素产生积极的促进作用，并且驱动新的创新需求，为价值共创机制的运行创造更加优越的环境，促进更高级别的创新，整体上形成螺旋状的上升与发展态势。

第六章 价值共创下动漫产业知识产权激励机制实证研究——基于技术创新视角

激励机制与动漫创新有着密切的联系，对动漫产业技术创新活动产生重要影响，而技术创新活动的量化评价主要通过专利数据实现，本章利用专利信息分析方法，对我国 6 家样本动漫企业的专利申请趋势、研发方向、研发重点、发明人等方面进行分析，考察我国动漫产业技术创新的现状、特点与发展趋势，与此同时，结合对日美两国动漫技术创新激励机制的特征，以及日美动漫 3D 技术专利信息分析结果，分析和讨论价值共创下的激励机制对动漫产业技术创新的影响。

第一节 影响我国动漫产业技术创新的主要激励制度与方法

目前，我国动漫产业技术创新的主要方式有三种：第一种是个人技术创新；第二种是动漫企业或研究机构内技术人员创新；第三种是消费者参与的动漫技术价值共创。个人技术创新主要依赖于个人科研兴趣和专利制度激励，在此不再赘述，动漫企业或研究机构内技术人员创新主要受职务发明激励制度影响，消费者参与的动漫技术价值共创主要受到国家政策与企业管理制度影响。

一、职务发明激励制度

随着科学技术的发展，开展发明创造活动的难度也不断加大，凭借单一个体的力量很难完成，于是产生了智力协作关系的合作发明，以及智力与物质协作关系的职务发明。作为动漫产业技术创新主体的科研人员与动漫企业，在协作发明中主要通过职务发明制度对其进行激励。在世界范围内，关于职务发明制度的权利归属、报酬分配等长期存有争议，立法模式的选择也有巨大差别。我国职务发明制度建立较晚，在1984年《专利法》中才正式规定，如今我国对于职务发明激励制度的规定主要来源于《专利法》《合同法》《专利法实施细则》《促进科技成果转化法》《职务发明条例》。

（一）权利归属激励

职务发明权利主要包括专利权、专利申请权和署名权，其中最重要的一环是职务发明专利权的归属。国际上关于职务发明专利权归属主要有两种模式，一种是"雇主优先"模式，认为职务发明取得的专利权归雇主所有，雇员发明人只享有获得报酬和奖励的权利；另一种是"雇员优先"模式，认为职务发明获得的原始专利权归雇员所有，雇主只具有一般使用权。采用"雇主优先"模式的国家通常在法律上将雇主企业作为"人"来看待，认为其本身具有发明创造的能力，只是这种能力要通过雇员发明人的工作来实现，因此雇主应当取得职务发明专利权，我国基本认同此观点。

首先，将契约观念引入职务发明权利归属制度，允许当事人之间对专利申请权和专利权的分配进行约定。由此将职务发明权利归属的确定分为两个方面：一方面，先允许雇主与雇员平等协商，对职务发明相关各项权利的归属进行约定，并订立合同；另一方面，只有在雇主和雇员没有约定或者约定不清时，再由法律提供一个补救措施，规定权利归雇主所有，或雇员所有，或双方共有。在现实生活中，完成每个职务发明所花费的资金、使用的设备、利用的技术资料、单位或发明人对发明的可利用性等因素都不相同，用法律"一刀切"式的硬性规定权利归属不利于公平正义。将契约观念与职务发明权利归属制度相结合，让雇主与雇员可以对权利的分配自行约定，具有制度的灵活性和对复杂社会经济的适应性的特点。

其次，从整体上看，我国现行制度将职务发明专利权及其申请权归属于单位有其合理性。从资源投入方面来看，除了提供科技研发过程中所必需的资金、设备、零部件、原材料以及不对外公开的技术资料外，单位还要为职务发明人提供岗位培训、技术交流，安排学习深造、考察进修，并对整个研发团队的人员构成进行组织协调。职务发明人最终能完成发明创造，与其所在单位的物质资源投入是分不开的。从风险承担方面来看，单位比职务发明人承担着更大的经济风险。从成果利用方面来看，职务发明同任何发明创造一样，其最终目的是能为人类所利用，成为现实的生产力。由于我国社会经济发展水平的限制，发明人取得专利权后对发明专利的市场开拓和后续研发条件有限，致使专利产业化程度较低，我们不得不承认，作为拥有资金、设备、人力资源的单位，能够比职务发明人更快速有效地使职务发明创造成果得以利用。因此，将职务发明专利权及其申请权归单位所有，较符合我国当下的经济发展状况。

最后，人的智力劳动才是发明创造的决定性因素。智力劳动是所有科技创新的根本条件，任何一项发明的完成固然离不开资金、设备、技术资料等物质条件的利用，但它终归是发明人智力活动的产物，需要依靠发明人持续不断地创造性脑力劳动才能获得。与此同时，对职务发明成果的技术更新、产业化、商业化都需要发明人做出积极贡献。要使科研工作者热心技术创造、产品研发，就应当实行一定的利益激励机制，通过在法律中规定有利于保护职务发明人创造性劳动的权利归属制度，使智力资源投入与利益产出相均衡，从而激励职务发明人进一步开展技术研发和科技创新。在我国,科研资源大都由企业、高校、科研院所等单位所掌握,他们不仅在劳动关系中处于领导管理地位,还具有很强的维护自身权益的能力。而职务发明人一方的情况则正好相反,在劳动关系中他们处于被领导和被管理的从属地位,且当自身权益受到侵害时,自我保护能力远不及单位。而在我国效率优先、兼顾公平的价值观念,以及"雇主优先"的权利归属模式下,职务发明人维护自身权益更是难上加难。长此以往,职务发明人的科研创新热情被削弱,不利于我国知识产权战略的贯彻实施,从而影响人才强国和创新型国家的建设工作。

(二) 报酬制度激励

我国现行法律对职务发明报酬的性质并无明文规定,在实践中,单位与发明人之间属于劳动关系,而非平等主体下的民事关系,发明人从属于单位,双方法律地位不平等,在劳动合同之外,单位往往不会根据职务发明获得利益再对发明人给予额外奖励,这些都使职务发明报酬体现了劳动报酬性质。同时,最高人民法院在理解职务发明设报酬方面认为:"许多单位将因职务发明创造的实施给单位带来的经济效益而给发明人或者设计人奖励外报酬视为一种奖励,没有认识到其实际更应当是发明人或者设计人的劳动报酬。"❶ 由此可见,我国职务发明报酬实际上可以理解为一种劳动报酬。笔者认为,职务发明报酬制度背后的劳动关系是无法回避的,但是我国在《专利法》未明确规定职务发明奖酬的具体标准与最低限度,在单位处于劳动关系强势地位的情况下,将职务发明报酬单纯地看作劳动报酬,对职务发明人获得报酬权和报酬处分权的行使形成一定障碍,对激励职务发明人从事技术研发活动产生了消极影响。

---

❶ 最高人民法院民事审判第三庭. 如何理解最高人民法院关于专利法 (2001) 法释字第 21 号司法解释 (一) [Z]. 2001.

首先,对报酬标准作出原则性规定。对职务发明报酬的分配方式,要充分考虑到职务发明本身价值大小,单位或雇主的物资投入和职务发明人或雇员的智力投入比例等情况。其中,职务发明成果本身的价值体现在自行利用、许可第三人使用、转让等多种情况下,物质资源和智力资源的付出比例也很难衡量。因此,对职务发明报酬很难划分一个确定的标准。各国都只是在综合考虑自己国家政治、经济、科技以及民族文化、历史传统等因素后,对职务发明报酬标准作出了一般性规定。我国《专利法》规定了职务发明报酬给付的原则性要求,即单位应当根据职务发明成果的推广范围和经济利益对职务发明人给予奖励与报酬。

其次,将契约观念引入报酬制度。我国法律规定单位与职务发明人、设计人可事先约定、签订合同或通过依法制定工作规章的方式确定对职务发明的奖励、报酬。在职务发明报酬的确定问题上尊重双方意思自治,允许当事人通过契约保护自己的权益。在公平正义原则的基础下,将意思自治与其他调整手段相结合,协调单位与发明人、雇主与雇员之间的利益关系。这有利于挖掘职务发明人潜力,创造更多利用价值高的无形资产。

最后,对职务发明报酬具体金额的确定形式进行规范。我国是以法的形式对职务发明报酬的具体金额进行规定的,主要包括平时取得的工资与职务发明完成后获得的特殊奖励,无论是单位还是职务发明人都能一目了然。

二、消费者参与价值共创下的技术创新激励机制

我国对消费者参与价值共创下的动漫技术创新激励主要体现在国家、地方政策,以及各动漫企业自主管理机制中,概括起来主要有以下五点。

第一,奖励政策是最直接的激励措施。建立优秀原创动漫作品与动

漫技术评选、奖励和推广机制,一方面,将奖励级别提升至国家层次,设立国家级动漫原创大奖,对遴选出的原创优秀动漫作品进行扶持,充分发挥国家奖励作品的标杆作用。另一方面,对原创动漫各环节实行有针对性的奖励,并对动漫创新过程中成绩突出的动漫消费者、创作者和组织动漫创作的部门、企事业单位给予表彰奖励。❶

第二,财政补贴是能够达成多种政策目标的宏观调控方式,但是,补贴的数额、范围、对象等因素都应当严格管控,一旦超出财政承受能力,容易产生物价波动和市场混乱等风险。在国家层面主要通过设立动漫发展专项资金和从相关经费中划拨资金,来补贴原创动漫的创作、制作、发行,并对优秀作品和参与动漫创新工作成绩突出的所有动漫工作者、单位给予奖励。❷

第三,硬件支持主要是对影响动漫价值共创的设备、技术等的支援。现代动漫创作对设备和技术要求较高,硬件设施的好坏直接影响动漫创作成果的质量。我国动漫企业多为中小企业,为解决企业资金压力、提高设备资产运用效率,促进价值共创活动的开展,各级政府相继推出动漫硬件支持政策。比较典型的有"国产动漫振兴工程""动漫产业示范基地"❸和"动漫产业公共信息服务管理平台"。除了提供创作生产民族民间动漫素材库等动漫创新资源,还具有政策信息发布、产业统计、专家委员会工作交流等功能,是扶持动漫产业发展国际联席会议办公室项目管理的工作平台。

第四,加强动漫知识产权意识培养。培养与构建动漫知识产权意识与文化氛围是促进消费者参与价值共创的根本保障,政府通过加强立法工作,完善国家知识产权保护体系,推动动漫作品版权登记与技术专利申请,提高动漫市场中知识产权运营的监管与执法力度,开展面

---

❶ 国家广播电影电视总局. 国家广播电影电视总局关于发展我国影视动画产业的若干意见 [Z]. 2004.

❷ 国务院转发十部委关于推动我国动漫产业发展的若干意见 [Z]. 2006.

❸ 文化部. 文化产业振兴规划 [Z]. 2009.

向中小学知识产权教育和全民知识产权宣传等工作,培育动漫消费者保护知识产权、参与知识产权创新的意识。

第五,动漫知识产权开发与利用政策。作为文化产业重要领域的动漫产业,其无形的文化资本不是库存量,而是以流通量为基础产生经济价值。采取拓展国产动漫市场需求、完善动漫产业链等有效措施促进动漫知识产权的开发与利用,不仅能增加价值共创成果的成本补偿,提高利润,还能增进国际文化交流,提升世界对我国文化的认同感。

第二节 专利信息分析方法与研究路径

一、专利是动漫产业创新活动的重要指标

动漫自诞生以来,其每次跨越式发展都与科学技术进步密不可分,几乎每次涉及动漫产业的新技术出现,都使原有利益平衡被打破,促使动漫企业做出自我调整,以适应新技术环境下的生存与发展。随着动漫技术和消费者需求的发展,动漫呈现出科技化、信息化和人性化的发展趋势,动漫技术的运用为创作者提供了更为广阔的表现平台,同时也为消费者带来更加满意的娱乐体验。技术路径必须以技术创新能力为建设标杆与发展基础,而技术创新能力的评价必须运用诸多标准和复杂的运算方法,诸如层次分析法、德尔菲法等,这些方法在进行评价时主观判断多,是一项非常复杂的系统工程。专利作为无形资产,已经成为承载巨大经济价值的重要资源,对于推动行业与地区的技术发展、提升产业核心竞争力、推动社会与经济的可持续发展具有重要意义。作为情报分析手段,专利分析是动漫技术创新者、动漫企业和相关政府部门等了解和把握业内技术现状与趋势、产业动态与走向、专利保护与运用状况,减少和避免专利纠纷的重要途径。

动漫产业是我国文化产业中的新兴产业和重要产业，是衡量国家文化软实力的标准之一，而动漫产业技术发展与革新的量化评价主要通过专利来实现。对动漫技术专利进行分析，可将原始专利信息从量变到质变，使它们由普通信息上升为高校科研、企业经营、政府决策中有价值的情报。

二、专利分析的研究路径

本章采用专利信息分析的方法，按照一定标准对相应动漫专利文献检索、去噪和统计，依照最终获得的有效数据对动漫技术创新的相关问题进行探讨与分析。专利文献处理过程（见图 6.1）具体来说包括：（1）依据前期文献收集和试检的结果，对本章专利信息检索与统计的样本动漫企业进行确定。（2）以样本动漫企业作为专利申请人（专利权人）进行检索，并按照一定方法对检索结果予以完善，也就是对样本动漫企业的专利检索数据的选择与去噪，将动漫技术之外的其他专利技术文献或者与本书研究内容无关的专利技术文献，即无效专利文献删除。（3）以 CHI 专利指标体系❶的评价方式为标准，对得到的有效

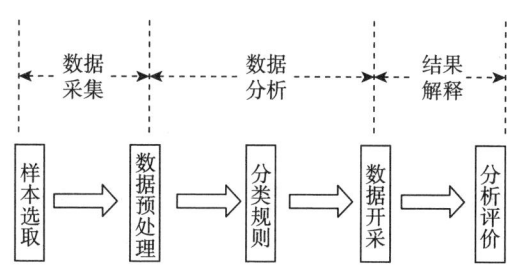

图 6.1 研究路线及数据处理过程

---

❶ 由美国 CHI Research 公司经过科学设计与有效论证后提出的专利信息量化标准，可对专利价值、发明人或企业的技术实力与创新价值进行评估。

专利进行归类。（4）从特征、形式和内容等方面对经过合理归类的有效专利进行初步比较与分析。（5）结合政治、经济、文化、地域等因素深入研究专利信息，并对分析结果进行评价，提出相关政策建议。

三、专利分析的数据采集策略与样本选取

笔者以国家知识产权局专利数据库"专利信息服务平台试验系统"的中国专利数据库为数据源。申请日设定为 2006 ~ 2014 年。在检索方法上，综合考虑专利检索的可操作性和产业内的认知广泛程度，数据采集选择小范围检索策略，检索时从申请人（专利权人）入手，具体做法为：第一步，对经过国家认定的动漫企业进行检索，并统计专利数量多的企业名称；第二步，对专利数量多的企业进行筛选，排除所有申请专利均为外观设计型专利的企业，根据此检索策略得到关于动漫企业较为准确、科学的检索条件；第三步，对剩余动漫企业按照专利数量多少进行排序，选取经国家认定的动漫企业在中国专利申请数量排名前 6 位的企业作为申请人（专利权人），即以广东奥飞动漫文化股份有限公司（奥飞动漫）、浙江中南卡通股份有限公司（中南卡通）、广州灵动创想文化科技有限公司（灵动创想）、武汉漫迪动漫文化传播有限公司（漫迪动漫）、上海幻维数码创意科技有限公司（幻维数码）、河南麦草动漫科技有限公司（麦草动漫）的专利数据作为本研究专利分析的样本。上述申请人均已通过动漫企业国家认定，专利数量与质量在我国动漫企业中名列前茅，作为我国动漫产业的典型，其专利现状是我国动漫产业技术创新趋势的体现，也是我国动漫企业技术水平与专利策略的呈现。该检索表达式含义为：检索 2006 ~ 2014 年国家知识产权局受理的，申请人（专利权人）为选定动漫企业的动漫技术专利。

第三节 我国动漫产业技术创新现状与发展情况分析

动漫产业的技术发展既包含量的积累过程,也包括质的评价。根据上述专利检索结果,分析我国动漫样本企业专利申请量在发展趋势、研发方向、研发重点、发明人等方面的特点,进而对我国动漫产业技术创新的现状、特征和发展趋势进行分析与评价。

一、专利申请趋势分析——总体上升,后劲不足

图6.2显示了2006~2014年样本企业动漫技术的总体年度专利申请发展趋势。该图提示了样本企业动漫技术的总体专利申请量的时序变化,及其在动漫技术领域的研发投入强度以及该类技术从萌芽到发展的过程变化。从整体来看,我国动漫企业的专利申请量总体呈现稳步上升态势,近些年申请量稍有回落,但也基本稳定在高位。

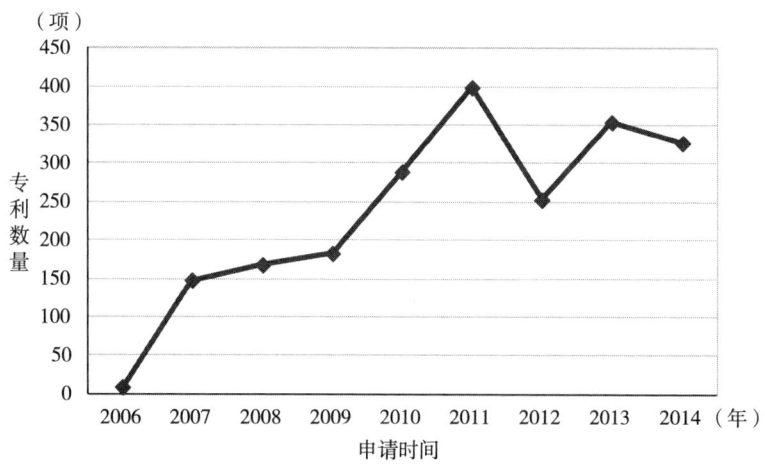

图6.2 样本企业专利申请总体年度趋势

我国动漫企业从21世纪初就着手动漫技术的研究与开发，市场的诱因自不待言，而适时的政策驱动亦在我国动漫企业技术研发上产生了显著效果。2006年之前我国动漫产业年专利申请量在较低水平徘徊，样本企业的专利申请年度总量均少于10项。2006年国务院转发财政部、教育部等十部委共同发布的《关于推动我国动漫产业发展的若干意见》从国家层面对动漫产业发展做出更具体的部署，一系列利好政策相继推出，从2006年起样本企业专利申请总量呈阶梯式增长，尤其是2009年《动漫企业认定管理办法》开始实施，动漫政策扶持资金投放更为精准和便利，有利于将更多资本投入技术研发。因此，专利申请总量在2011年达到顶峰。之后，动漫企业专利申请进入调整期，说明前期政策扶持已无法维持动漫企业专利申请进入下一个快速增长阶段，此时应着手调整政策扶持方向，创新激励方法与激励制度以适应动漫产业发展形势。

图6.3显示了6家样本企业专利申请量随年度变化的情况，各样本企业专利申请年度趋势与专利申请总体年度趋势基本保持一致。将专利数量按时间序列进行分析，样本企业的动漫技术申请趋势基本分为两个阶段：2006~2009年的技术起步阶段，此时多数企业经历了专利从无到有的过程，总体专利数量较少。该阶段各级政府开始大规模扶持动漫产业，我国动漫产业管理体制也日渐完善。但是，该阶段我国动漫企业提高收益的方式主要围绕做大动漫数量，采用的是传统制作工艺与廉价劳动力相结合的方式，对于动漫技术创新关注较少，受科研技术实力、经济实力和政策投入的影响，该阶段动漫技术专利申请量总体偏少。2010年至今的初步发展阶段，此时样本企业专利申请活跃，且专利申请量都在此阶段达到顶峰。数据表明，我国动漫产业技术发展在该阶段受益于国家政策的引导与扶持，研发方式、专利保护与利用方式都更为成熟，虽然样本企业的年增长率较低，但是从发展趋势来看，还是维持着稳定向上的态势。由图6.3可以看出，大多数样本企业2014年专利申请量处于低位，主要有两个原因：第一，专利申请公

开、公告存在一定的滞后期,部分2014年专利申请数据缺失;第二,从图6.3能明显看出奥飞动漫的专利申请量高于其他企业平均专利申请量将近4倍,尤其是2014年专利申请量更是达到顶峰,作为我国唯一正式上市的动漫企业,奥飞动漫在资本注入、人才引进、设备投入等方面都有显著优势,其专利申请一家独大的形势业已形成,据此其他动漫企业在技术研发上考虑调整与转型,试图不与奥飞动漫在核心专利战略上进行正面碰撞,因此近期专利申请量出现下滑。

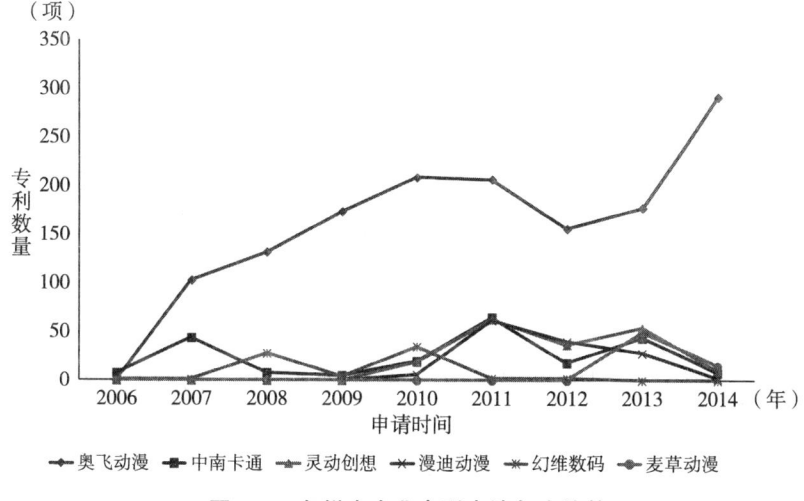

图 6.3 各样本企业专利申请年度趋势

综上所述,我国动漫企业技术研发处于初步发展阶段,除了市场需求因素,政策驱动也具有较强影响力,但目前政策扶持已无法维持动漫技术持续快速增长,我国动漫技术创新模式有待优化。与我国历史同源、文化同质的日本在动漫技术创新中也采用政策驱动与市场结合模式,日本动漫企业在技术创新中利用扶持政策优势,善于把握国外技术动向,多采用引进、消化、吸收、再创新模式,在早期迅速实现技术产出的高增长,证明此模式对引导企业在技术创新的投入及抢占新技术所带来的市场先机方面效果明显。而该模式的弊端也十分明显,模仿创新带来的经济效益具有时限性，缺乏原始创新对维持技术创新的持续高产空间有限，直接后果是技术的衰退期会更早来临。与此同时，美国实行完全市场化模式，动漫企业在市场需求不明显的技术萌芽期会经历较长时间的技术探索和市场培育，一旦新技术获得市场认同，企业迅速投入资源，技术创新厚积薄发，发展态势更为稳定持久。该模式下的动漫企业原始性创新占应有比例，继受创新空间广阔，技术的高产出期更为持久，企业在技术发展成熟期的市场竞争优势亦更为显著，但企业需要在技术的萌芽期承担更多的市场风险。目前，我国动漫企业技术发展方向不明确，尚未形成相适应的技术创新策略，导致专利申请盲目性和滞后性。受限于企业规模、资金来源、产业链发展水平和动漫低龄化定位等因素，我国动漫企业实行美国完全市场化模式不利于技术布局的快速形成，而日本政策驱动与市场结合模式带来的技术红利时效较短，我国动漫技术创新发展模式应综合两者利弊，取长补短，根据技术成长时期与产业发展状况给予适当政策扶持与引导，促进动漫技术创新提质增效。

二、研发类型及方向分析——衍生品开发为主，创新性较低

样本企业申请的专利中，外观设计专利数量最多，占专利申请总量的84%。由此可见，以样本企业为代表的动漫产业技术主要集中在对产品形状、图案、色彩等平面设计或者立体造型方面，而对产品、方法或者其改进等方面提出的新技术方案涉及较少。原因主要有四点：一是企业经营维系版权核心价值的传统模式，更注重版权内容的生产、管理、运营，没有开启科技商业化经营思路，应用新知识，研发新技术，提供新产品、新服务，并满足、创造和开发新需求。二是发明与实用新型在技术创造性和实用性方面比外观设计要求更高，研发成本也更高。三是我国动漫企业更注重动漫衍生品的研发，盈利点位于产业链下游。衍生品的过度开发能够快速提升动漫企业短期效益，但是从

长期发展来看，我国动漫企业尚未真正掌握动漫产业发展主动权，动漫原创性、品牌提升、市场定位等方面能力较弱。四是现有扶持政策的高额补贴和外观设计专利研发的低成本双重利益驱使下，动漫企业单纯追求专利数量提高而大量申请外观设计专利，说明我国动漫产业激励制度亟须改善。

根据 IPC 分类号对应的技术内容的专利数量占专利总量的分析，可了解样本企业各类专利申请所占比重、最为活跃的技术领域，以及研发能力的分布情况。对样本企业专利申请中 IPC 国际专利分类按小类进行统计，共得到 34 类专利，进一步分析后可知，样本企业技术领域可分为两类，一是动漫制作与传播类，二是实体玩具类，各领域专利申请所占比例如图 6.4 所示。

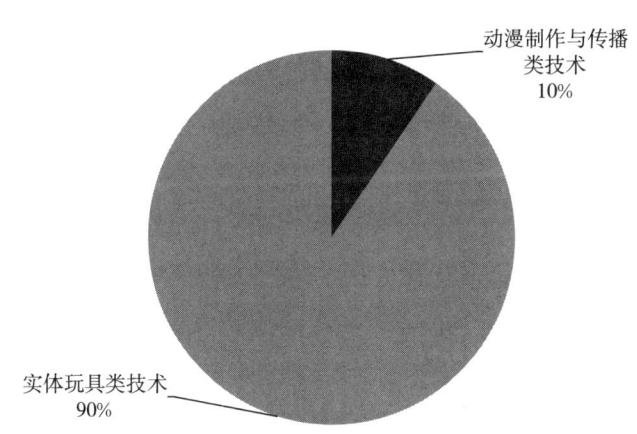

图 6.4 样本企业动漫专利申请量各技术领域所占比例

从图 6.4 可知，对于动漫制作与传播类技术，科技含量高，技术难度大，竞争性强，但是总体数量较少，只占样本企业技术总量的 10%。实体玩具类技术总体数量居多，显而易见，该领域是我国动漫企业研发的热点技术领域，但是，这类技术主要用于动漫衍生品开发，是版权价值的实现形式之一，与科技创新关联较小。再次印证我国动漫企业更注重衍生品开发,大多数企业处于动漫产业链下游,对处于产业链上游的动漫制作与传播类专利创新能力不足。与此同时,日美动漫企业均以研发动漫制作与传播类技术为主,而我国动漫企业以创造性和后续接力式发展前景都较弱的衍生品开发为主,对自主创新力和市场竞争力提高无法起到有效改善作用。原因在于,其一,与动漫衍生品相关的外观设计与实体玩具类技术研发难度较低,资源投入少,短期回报率高;其二,我国动漫产业专利研发过于集中在实体玩具类领域,对某个领域的研发投入过多,可能导致新进的动漫制作与传播类技术研发力量投入不足;其三,侧重于对企业的财政补贴及保护性政策虽然加速了动漫技术发展进程,但在高额补贴和模仿创新的低成本双重利益驱使下,动漫企业为追求专利申请量而着重研发外观设计与实体玩具类技术。

三、发明人分析——价值共创意识不强,人才缺口较大

通过对企业专利发明人的专利申请数量与所占比例分析,可知企业技术研发的实际状况,对企业技术创新能力进行深入分析。表6.1显示了样本企业排名前十位发明人的专利申请情况。

表6.1 样本企业排名前十位发明人专利申请情况

发明人排序	奥飞动漫		中南卡通		灵动创想		漫迪动漫		幻维数码		麦草动漫	
	A	B	A	B	A	B	A	B	A	B	A	B
1	1451	100%	208	73.5%	111	54.95%	138	24.95%	29	22.83%	50	13.89%
2	—	—	28	9.89%	53	26.23%	138	24.95%	29	22.83%	50	13.89%
3	—	—	28	9.89%	19	9.41%	138	24.95%	29	22.83%	50	13.89%
4	—	—	8	2.83%	19	9.41%	138	24.95%	11	8.66%	50	13.89%
5	—	—	7	2.47%	—	—	1	0.20%	7	5.51%	50	13.89%
6	—	—	4	1.42%	—	—	—	—	4	3.15%	50	13.89%

续表

发明人排序	奥飞动漫		中南卡通		灵动创想		漫迪动漫		幻维数码		麦草动漫	
	A	B	A	B	A	B	A	B	A	B	A	B
7	—	—	—	—	—	—	—	—	2	1.57%	15	4.17%
8	—	—	—	—	—	—	—	—	2	1.57%	15	4.17%
9	—	—	—	—	—	—	—	—	2	1.57%	15	4.17%
10	—	—	—	—	—	—	—	—	2	1.57%	15	4.17%

注：A 为发明人专利申请量，B 为发明人专利申请量占所有发明人专利申请总量之比。

根据表6.1可知，以独立发明为主的有3家企业，分别为奥飞动漫、中南卡通和灵动创想，以协作发明为主的有3家企业，分别为漫迪动漫、幻维数码和麦草动漫。与此同时，大多数样本企业发明人不足十位，尤其是奥飞动漫只有一名发明人，承担了企业100%的专利研发项目。一方面，职务发明制度激励效果有限。目前我国动漫企业技术创新主要依赖于企业内技术雇员的研发创新，而现行职务发明制度在精神权益上主要以企业权益为中心，在物质权益上报酬制度的适用不明确，报酬标准过低且难以实现，势必影响发明人、设计人的创造积极性。另一方面，协同创新概率较低。在动漫技术创新中，推行价值共同创造的协作意识、协作能力和协作氛围有利于融合各方创新资源，获取互补资源，降低和分担研发中的风险和成本，保持创新中组织的灵活性，激励发明人创新积极性，提高企业自主创新能力，加快技术市场化速度。❶ 以独立发明为主的企业各研发团队相对独立，研发项目无相互关系，以协作发明为主的企业各研发团队相互协作，技术研发具有关联性与传承性。而样本企业对内协作发明较少，对外"产学研"协作申请专利为零，引入消费者参与创新的价值共创计划尚未被企业管理者所

---

❶ K. L. Combs. The role of information sharing in cooperative research and development [J]. International Journal of Industrial Organization, 1993, 11 (3): 535-552.

关注，极大影响了我国动漫企业的科技创新能力。

综上所述，样本企业技术研发基础、形式、领域与范围都不容乐观。由此可见，第一，我国动漫企业科研人员投入不足，就业人员中研发人员密度较低，直接影响了技术研发效果；第二，我国动漫企业技术研发形式单一，独立研发是较为普遍现象，缺乏企业内协作发明、企业外"产学研"协同与消费者价值共创带来的创新效率提升；第三，我国动漫企业技术创新人才缺口较大，在动漫技术人才培养方面除了基础知识和科技运用能力，还应注重对创新思维、技术创新方法与技巧的培养。

第四节 价值共创下日美动漫产业技术创新激励机制的特点

一、美国价值共创激励机制的特点

（一）美国消费者乐于表达、易于参与的个性

美国是目前国际动漫产业领先国家，作为典型的移民国家，来自世界各地的人们把自己的文化带到这里，使得美国文化具有兼容并包的特点。经过百年发展的动漫产业已是美国文化的一部分，也同样具有兼容并蓄的特色，在维持自身主流文化的同时，吸收和发展外来文化，并最终形成具有美国特色的创新方式。在这种环境下，美国动漫文化、知识产权意识深入人心，再加上美国动漫消费者普遍乐于表达、易于参与的个性，以及消费者自身迥异的文化特色，为美国动漫价值共创提供了强大驱动力。

(二) 美国价值共创理论与实践研究的成熟性

现代价值共创理论最早发源于美国,美国学界与商界对价值共创理论与实践的研究更为成熟,20世纪90年代美国经济进入大媒介集团化时期后,美国动漫产业就逐渐形成以顾客价值创造为基础的产业价值链。美国动漫价值共创主要体现在动画电影票房预测研究、跨媒介生产、动漫创意收集、动漫技术评估等方面。

(三) 市场需求对动漫企业有较强驱动力

美国动漫价值共创激励的主体是动漫企业。一方面,美国的宏观管理与市场自由调节相结合的调控手段具有相应的社会基础。美国的市场机制较为完善,社会与经济发展也达到较高层次,企业经营具有很强的自由性,同时社会民众创新激情高涨。在此基础上,美国价值共创激励充分尊重市场规律,以市场机制为本,结合政策指导,以充分实现市场竞争,从而驱动动漫社会需求的形成、发展与成熟,强调整体协调与宏观规划,通过完善产业结构与均衡经济总量,不断优化动漫产业发展的外部环境。宏观管理的手段主要包括整体政策与经济杠杆,辅以立法手段,同时实事求是地灵活处理具体问题,结合具体情况予以协调,产业政策只是发挥引导作用,其主要任务是弥补市场机制的缺陷,从而使"无形之手"与"有形之手"相结合,为动漫产业价值共创打造自由和谐的外部环境。另一方面,美国动漫企业的经营具备多元化与自由化特征,二者相辅相成,共同表现出美国动漫产业发展的自由竞争特征。动漫企业运营的自由性集中体现在运营理念的多样化、自由化,创新方式的丰富性与自由性上,整个动漫产业在这种自由环境中良性运行,构成一种较为科学的整体结构与良性竞争的格局。

二、日本价值共创激励机制的特点

（一）"内容不干预"原则

文化立国已成为日本社会主流认识，为了实现文化强国目标，日本政府对"二战"期间的文化压制政策予以深刻反思与自我剖析，进行一系列的文化政策改革，例如，废除严格控制文化艺术创作、抑制社会批评的具有明显军国主义痕迹的法律法规。同时，限制政府权力，放开文化艺术创作，创造自由的文化环境。经过长时间的改革与实践，对于文化产业主要组成部分的动漫产业，日本政府最终确立了对动漫艺术活动通过间接财政、基金扶持和灵活的投资体制带动其整体发展，而对其具体内容实行不加干涉的"内容不干预"原则。

"内容不干预"原则在具体的政策制定与执行中得以付诸实践，例如，日本文化厅为了贯彻该原则，明确了自身职责在于倡导与促进社会自由进行文化创造与各种形式的文化活动，同时不断丰富资源、完善环境，旨在提供遍及所有国民的文化娱乐活动；不断改善文化艺术体制中存在的不合理之处，采取一切必要措施振兴文化。当需要对优秀动漫作品、活动、艺术家进行扶持和表彰时，日本文化厅特意邀请相关领域的专家、学者组成独立的第三方评审组织，对政府支持的文化艺术活动进行研究和评估，以供政府决策。

"内容不干预"原则为动漫创新提供了广阔的创作空间，在价值共创中，来自动漫消费者、创作者和生产者的奇思妙想得到完美融合，激励创新主体的参与积极性和知识产权成果产出效率。

（二）日本御宅族的狂热参与

御宅族（オタク）是指动漫受众中的极度痴迷者，"御宅的生活方式"（オタクっぽい服や口調）是指御宅族独特的思维逻辑、意识、行

为标准和文化倾向，这些都与普通动漫消费者有着巨大差别。在日本动漫推行价值共创活动以来，御宅族成为积极参与的创新主体，主要表现在以下三个方面。

第一，对价值共创活动的资助。在动漫产品的金钱投入方面，御宅族表现出极强的积极性，愿意投入相当大的成本乃至全部资产进行动漫产品的购买与收藏，俨然发展成为一种考据癖与收藏癖。全套成册的漫画或者动漫产品对御宅族具有致命的吸引力，各类与动漫相关、具备动漫符号的周边产品均能成为购买与收藏对象。在价值共创激励方面，御宅族不仅参与动漫创新，而且愿意为创新项目投入资金，以换取最终的创新成果（动漫作品、衍生品等）。

第二，动漫创新效率较高。御宅族对动漫作品积极关注，且表现出高度的持续性、常态性和专一性。御宅族关注动漫产品的持续时间能够维持数年，甚至十数年，相对于普通的动漫爱好者，他们不但观阅时间长、频率高，而且更加精通与熟练运用动漫符号、专业术语与市场状况，能够对动漫产品进行精确的考据与钻研。因此，在价值共创活动中，御宅族对动漫作品以及当前动漫市场形势的判断具有较强专业性和广泛代表性，有助于动漫创新与再创新项目的研发。

第三，御宅族群体的协作。随着社交网络的快速发展，御宅族之间的交流与联系也逐渐增强，于是在一定范围内促成了以御宅族群体为主要对象的动漫爱好者互动平台与动漫产品交易市场，使得御宅族群体的协作具有多样性、稳定性和规范性等特征，对动漫价值共创活动的开展产生重要影响，做出重要贡献。

第五节　价值共创下日美动漫产业技术创新激励机制效果分析——以动漫 3D 技术专利分析为例

以漫画、动画以及基于动画形象产生的游戏为主要表达形式的动漫，自诞生以来它的每次跨越式发展都与科技进步相关联。传统动漫是建立在二维动漫表达基础之上的，在以计算机为平台的数字动画制作技术日益普及，计算机图形技术广泛介入的形势下，3D 技术被视为动漫演化史上的一次重大革新。3D 技术对全球动漫产业带来的革命性影响主要表现在：其一，3D 动漫成为新的经济增长点，为动漫产业发展带来新机遇；其二，彻底改变动漫制作模式，在提升艺术风格多样化，拓宽创作领域的同时，增加技术含量，扩大传播范围；其三，拓展动漫产业链并延伸至传统动漫产业以外的领域，3D 动漫技术已广泛应用于现代科学研究领域，如太空研发、考古、深海探索、微生物学研究等。❶

一、动漫企业 3D 技术专利分析策略

鉴于 3D 动漫制作领域 3D 动画与 3D 游戏的技术重合率较高，关键共性技术既可运用于动画又运用于游戏的情况较为常见，❷ 笔者区别于国内外文献中将动漫产业划分为动画产业和游戏产业两个独立个体进

---

❶ 陈玫吟，林颂坚. 运用专利分析探讨 3D 电脑绘图技术之发展［J］. 图书资讯学研究，2007（12）：123-148.

❷ Michael O. Rourke. Principles of Three-Dimensional Computer Animation：Modeling，Rendering & Animating with 3D computer Graphics［M］. 3rd Bd. W. W. Norton & Company，2003：54-57.

行研究的方法,将 3D 动漫作为一个整体进行考察。本书所研究的动漫企业 3D 技术专利的检索路径:中国国家知识产权局"专利信息服务平台试验系统"中的世界专利数据库,根据小范围检索策略,以国际专利分类号(IPC)为切入点,IPC 分类号检索范围参考了湖南省知识产权局组织编写的《战略性新兴产业专利检索手册》关于 3D 动漫游戏制作技术的 IPC 分类号,❶ 经反复试检确定选取 7 项关键共性技术,其分类号及对应技术名称见表 6.2,在 IPC 分类号检索结果中找出技术创新水平较高的 6 个日本与美国企业作为样本,初检中可知日本企业与美国样本企业分别在 1989 年和 1983 年就开始有少许 3D 技术专利申请情况,因此,最终确定实施检索的表达式含义:世界各国专利局受理、1989~2014 年申请人(专利权人)为选定的 3 个日本动漫企业、1983~2014 年申请人(专利权人)为选定的 3 个美国动漫企业、表 6.2 中的 7 类 3D 关键共性技术专利。

表 6.2 动漫关键共性 3D 技术专利 IPC 分类号及技术含义

专利分类号	技术含义
G06T13/20	3D 动画
G06T15	3D 图像的加工
G06T17	用于计算机制图的 3D 建模
G06T19	对用于电脑制图的 3D 模型或图像的操作
G03B35	3D 摄影术
G02B27	用于产生 3D 或其他 3D 效果的光学系统、仪器
H04N13	3D 电视系统、零部件

笔者选取了动漫产业发展最早最快的日本和美国在世界专利申请数

---

❶ 陈仲伯. 战略性新兴产业专利检索手册 [M]. 北京:知识产权出版社,2012:247.

量排名前 3 位的动漫企业作为分析对象,即以日本索尼电脑娱乐株式会社❶、日本科乐美株式会社、日本世嘉株式会社、美国微软公司❷、美国迪士尼公司❸、美国梦工厂工作室的专利数据作为分析样本。这些典型企业的 3D 技术专利状况能够映射出日美动漫产业在该技术领域演进的缩影。

二、典型动漫企业全球 3D 技术研发趋势分析

图 6.5 与图 6.6 分别显示了 1989~2014 年日本与 1983~2014 年美国典型企业的 3D 技术专利申请趋势,检索数据提示了样本企业的 3D

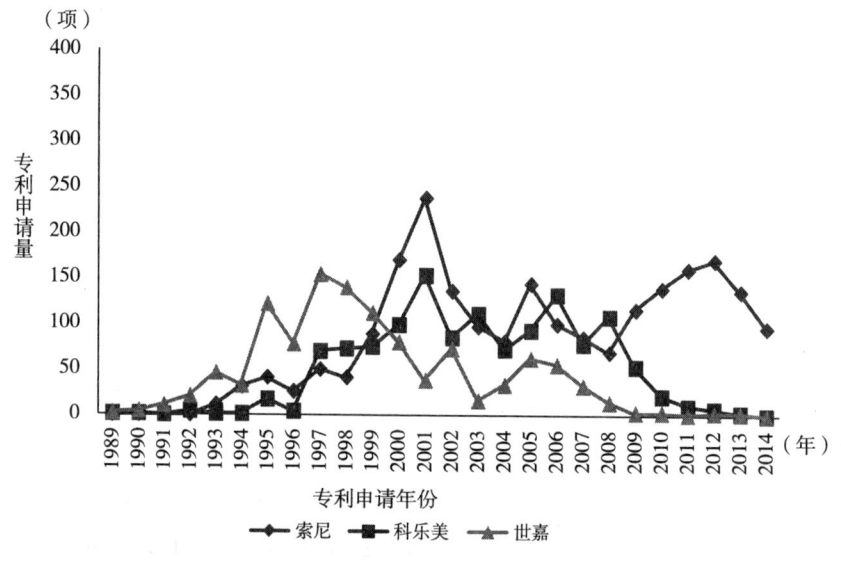

图 6.5 日本动漫企业 3D 技术专利年度申请趋势

---

❶ 日本索尼电脑娱乐株式会社为日本索尼株式会社旗下动漫游戏公司。

❷ 微软公司动漫技术主要来自 Xbox 研发部,其技术研发成果一般以微软公司名义进行专利申请。

❸ 迪士尼公司检索范围为迪士尼总部及其下属分公司,包括已被其收购的皮克斯动画工作室。

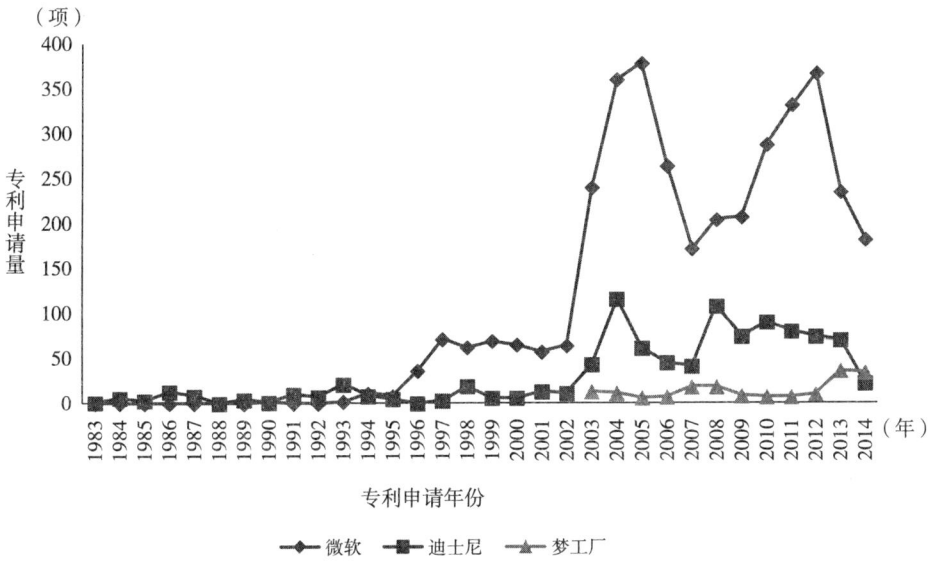

图 6.6 美国动漫企业 3D 技术专利年度申请趋势

技术专利申请量的时序变化并折射出其在 3D 技术领域的研发投入强度，直观呈现了动漫产业 3D 技术的技术生命周期：20 世纪八九十年代的技术萌芽期、21 世纪前十年持续高产出的迅速发展期、2010~2014 年技术产出逐渐回落或平稳而市场运用日益普遍的技术成熟期，并可进一步研判可能出现的技术衰退期。

(一) 政府驱动模式下日本企业研发崛起迅速

日本动漫企业从 1989 年启动 3D 技术研发并发展迅速，市场诱因自不待言，而适时的政策驱动及促进性立法产生了显著的效果。日本在政策与法律上的举措与企业的创新产出具有较强相关性：(1) 在迅速崛起的萌芽期，1995 年日本文化政策推进会议发布《新文化立国：关于振兴文化的几个重要策略》提出 21 世纪"文化立国"战略方针，将动漫技术研发作为重点扶持项目；同年，日本制定《科学技术基本法》，规定了振兴科学技术的国家责任和义务，要求政府"应该为进一步推动国家需要特别振兴的重要科学技术领域的研究开发采取必要的规划与实施等措施"❶。三家样本企业均在 1995 年后出现了 3D 技术专利申请的高增长，并在世纪之交达到峰值。（2）在高产出的发展期，2002 年《知识产权战略大纲》《知识产权基本法》制定及"知识产权战略本部"的成立亦从知识产权角度形成对动漫企业 3D 技术创新的进一步引导；2004 年日本国会通过《文化产业促进法》，❷ 提出注重动漫制作软件的升级与电脑数码科技制作水平的提高，加强动漫与新媒体技术的联系，并从人才培养与利用、融资体系、海外出口、中小企业扶持等方面促进动漫创造、保护和利用。尽管 21 世纪前 10 年是日本经济"萎缩的十年"，但样本企业的 3D 技术申请量保持持续高产出，并在 2004 年后出现第二个小高峰，这些表现与同时期日本政府大力推行的文化产业政策及相关立法形成印证。（3）在渐显衰退的成熟期，2010 年后受美国动漫企业持续扩张及与日本动漫最大输出国中国在政治关系上持续恶化影响，样本企业在该阶段均出现不同程度亏损，在 3D 技术研发投入上也持续收紧。与此同时，日本企业前期发展过快，技术底蕴不足，技术更新周期长，研发成本过高等问题逐渐显现，❸ 使得样本企业 2010 年后专利申请量一路走低，出现技术衰退迹象。

（二）市场驱动模式下美国企业研发相对稳健

美国动漫企业 3D 技术研发始于 20 世纪 80 年代，但直至 90 年代均发展缓慢，2002 年始快速上升，后续呈持续稳定发展态势。区别于日

---

❶ 日本内閣府で成立した、平成 7 年 11 月 15 日法律第 130 号「科学技術基本法」第 3 章第 10 条。

❷ 平成 16 年の第 159 通常国会で衆議院に議員立法として提出され、成立した、平成 16 年 6 月 4 日法律第 81 号「コンテンツの創造、保護及び活用の促進に関する法律」（通称・略称「コンテンツ促進法」）。

❸ Mirko Ernkvist. CEO Survey Report of Japanese Video Game Developers [R]. The University of Gothenburg, 2012: 31-33.

本政策驱动模式，美国动漫产业发展实行完全市场化模式，动漫企业3D技术研发也呈现出迥异的发展样式。美国企业的创新产出与市场需求呈现较强相关性：（1）技术萌芽期市场培育经历了一个漫长过程。20世纪末的美国3D动漫市场发展尚不成熟，3D硬件设备落后，能够观看3D动漫的场所较少等因素很大程度地限制了美国动漫企业对3D动漫技术研发的投入。但美国动漫企业对3D这一极具发展前景的技术保持着市场期待，微软与迪士尼在这一时期每年3D技术申请量都维持在数十件。直至1995年运用3D技术制作的《玩具总动员》系列动画取得票房佳绩以后，世界动画制作的潮流开始脱离以手绘为主的传统2D动画，样本企业专利申请量也在此时间点形成较高增量。（2）技术发展期市场激励下的企业创新投入大、产出高。2002年成为美国企业申请量快速上升的拐点，尤其是此前仅在PC游戏领域略有涉及的微软公司出现大幅度快速增长，其原因一方面是微软公司Xbox第一代家用游戏主机在2001年11月正式发售，Xbox前期研发成果中的各项3D技术在此时大量申请专利；另一方面其巨大的市场回报促使微软立即加强了3D游戏软件制作和硬件系统改良的投入力度，动漫游戏也成为微软的重点经营领域。2004年，第一部IMAX 3D长片动画《极地特快》诞生，当时全球仅有的75块IMAX 3D银幕收获全片总票房的30%。❶IMAX+3D的"超强组合"，让美国企业看到了巨大的商业潜力，纷纷加大对3D动漫技术在资金、人员、设备等方面的投入，❷微软和迪士尼都在2004年后达到专利申请量峰值，1994年成立的梦工厂也是在2003年首次申请3D技术专利，并保持稳定的3D技术专利产出。（3）技术成熟期因企业创新厚积薄发而更具有后劲。2010年以来，美国企业将技术创新与成本控制相结合，并相继引入计算机情感感知系统EMO、

---

❶ [2015-12-5]. http://www.boxofficemojo.com/movies/?id=polarexpress.htm.

❷ Christopher Fineh, John Lasseter. The Art of Walt-Disney, from Mickey Mouse to the Magic kingdoms and Beyond [M]. New York: Harry N. Abrams, 2011: 401-403.

动漫事业生产管理系统 NILE 等激励研发人员创新积极性，3D 技术专利申请量相对平稳，到 2013 年 3 家美国企业的专利申请量已超过日本老牌动漫企业科乐美和世嘉。动漫制作模式的调整、技术创新与市场的良好对接是美国动漫企业 3D 技术研发自 2002 年至今呈现持续活力的主要原因。

（三）分析及评价

整体考察，日美动漫企业在 3D 技术专利产出趋势上的表现，非常清晰地反映了不同驱动模式对企业创新绩效及技术生命周期的影响。日本企业 3D 技术专利申请启动于 1989 年，在 2000 年前后达到峰值，并维持 10 年的较高产出之后出现衰退，整个 3D 技术生命周期约为 25 年。美国企业 3D 技术专利产出启动于 1983 年，到 2004 年达到峰值，至今维持较高产出，预估其技术生命周期应远高于 30 年。同一类技术在不同国家样本企业呈现的不同发展样态带给我们很多启示。

据此获得基本研判是：（1）在政策驱动与市场结合模式下，日本企业在 3D 技术创新中善于把握国外技术动向，多采用引进、消化、吸收、再创新模式，迅速实现 3D 技术产出的高增长，并赶超美国率先达到技术产出峰值，进入技术成熟期的市场运作，证明此模式对引导企业对技术创新的投入及抢占新技术所带来的市场先机效果明显。而该模式的弊端也十分明显，缺乏原始创新对维持技术创新的持续高产显然空间有限，直接后果是技术的衰退期会更早来临。（2）在完全市场化模式下，美国企业在市场需求不明显的技术萌芽期经历了较长时间的技术探索和市场培育，一旦新技术获得市场认同，企业迅速投入资源，技术创新厚积薄发，发展态势更为稳定持久。该模式下的企业创新或许不是走捷径，企业需要在技术的萌芽期承担更多的市场风险，但由于原始性创新占应有比例，继受创新空间广阔，技术的高产出期更为持久，企业的市场竞争优势亦更为显著。

三、典型动漫企业在我国 3D 技术专利布局分析

鉴于对中国的市场预期,跨国公司一向重视对我国的专利布局,致使我国本土企业与跨国公司的专利对撞愈演愈烈。以下通过对日美样本动漫企业在华专利申请数据的分析,揭示跨国动漫企业 3D 技术专利战略对我国动漫产业的影响(见表 6.3)。

表 6.3　日美样本动漫企业在我国 3D 动漫技术专利申请情况

企业名称	中国专利申请量(项)	中国专利占申请总量比例	中国专利首次申请时间	企业专利首次申请时间	中国在申请地排名
索尼电脑娱乐株式会社	176	7.91%	1994 年	1993 年	5
科乐美株式会社	104	8.84%	1997 年	1989 年	4
世嘉株式会社	90	8.18%	1993 年	1989 年	4
微软公司	275	7.48%	1997 年	1990 年	4
迪士尼公司	26	2.68%	2002 年	1983 年	5
梦工厂工作室	16	9.14%	2012 年	2003 年	3

(一)日本企业专利布局呈现一致性特点

从世界范围专利布局来看,3 家日本企业专利申请量前 5 位均为美国、欧洲专利局、日本、世界知识产权局、中国,国别完全一致,排序也基本一致,且任意两家日本企业专利申请量前十位的地区相似度可达 80%。样本企业在我国专利布局同样显示出了较强相似性,3 家日本企业在中国专利申请量、占总申请量比例、首次申请时间以及中国在申请地排名等数据上差异不大(见表 6.3)。这说明日本企业在市场判断、专利布局和经营策略上具有高度一致性。此做法一方面源于日本是典型的东方一致性国家,日本民族的特性是弥合差异而不是凸显差异,这种民族特性渗透到企业文化中,便形成了日本企业的"联盟精

神",尤其在发展海外事业时,经常"组团"出击;另一方面,日本企业在世界范围专利布局中受政策驱动影响,使得企业战略意图与发展规划基本一致。然而,专利布局过于一致使日本企业在技术研发、产品类型、市场细分等方面过于集中,企业之间的相互学习和模仿,使得任何技术及经营创新优势很快消失。其结果是投资风险过大,后劲不足,在高速成长期之后,日本企业技术潜力无法满足市场需求,企业收益持续下滑。

(二)美国企业专利布局呈现差异性特点

从世界范围专利布局来看,美国和欧洲专利局申请量在3家美国企业都稳居前3位,而其他地区无论在排名还是申请量上都大相径庭。且它们在我国专利布局同样显示出较大差异(见表6.3),在专利申请量上,微软为275件,而其他两家企业均不超过30件;在中国专利首次申请时间上,微软在20世纪90年代就已在华申请专利,而其他美国企业直到21世纪才开始在华申请专利。微软对中国市场的专利布局时间早、数量多,主要原因是除动漫之外,微软还有广泛的电脑软件服务业务,促使其对中国市场的重视程度更高。20世纪末,微软在中国设立的科研、服务与推广机构也成为微软在中国进行3D动漫技术专利布局的重要扶持力量。相比之下,美国老牌动漫企业迪士尼并不急于对中国市场的3D技术专利布局,无论是申请量、申请比例还是首次申请时间,都与微软有一定差距,显示其将中国市场预期重点放在版权价值实现上的市场策略。与其他样本企业比较,梦工厂成立时间较晚,3D技术专利实力尚在储备中,目前在中国市场还没有形成较为完整的专利布局,但它对中国市场的重视(申请地排名第3)业已显现。上述可见,美国企业实行有差异的专利布局,技术研发方向、区域定位、消费群体选择、经营管理特点等都对企业专利布局产生影响,而专利布局的要义就是追求优势技术领先的同时,保持与竞争对手的差异性,或者让竞争对手无法模仿自己的成功布局策略。美国企业的差异性布局增加了投资组合资产数量,能有效分散风险,避免"竞争趋同",跳出经营有效性的思路,通过差异化、定位转换、资源协调整合等方式创造价值。

(三) 分析及评价

综上所述,整体上日本企业对中国市场专利布局更为重视,许多日本企业都在首次申请专利后不久,便开始计划对中国市场进行专利布局,尤其是索尼在首次申请3D技术专利的次年就申请了中国专利,这主要是由于中日两国不仅地理位置相近,在历史、文化方面有一定渊源,文化交流与经贸往来密切,日本对我国动漫文化与动漫产品输出更为便利,再加之我国动漫消费者众多,市场潜力巨大,吸引日本动漫企业将我国作为海外扩张的主要对象。值得注意的是,近五年,中国在申请地域排名上,日本企业保持不变,而美国企业持续上升,说明中国市场地位不断提高,美国企业近期考虑在华加强专利布局。在专利布局模式上,日本企业一致性布局以及对经营有效性的运用多年来获得了专利申请数量和质量上的明显优势,但目前日本式竞争的弊端逐渐显现,企业之间通过相互标杆学习弥合而不是突显各自特点的发展模式,使得市场风险增大,后续发展无以为继。美国企业差异性专利布局综合市场机会的适时开拓、市场的细分和定位、资源的协调和整合等因素,从战略意义上创造差异化的产品、服务及管理方案,提高了企业抗风险性及竞争优势。

四、基于动漫企业3D技术专利分析的启示及我国应对

(一) 我国动漫3D技术专利状况的比较考察

对表6.2中7种3D动漫技术世界专利的全面检索获得如下结果:在专利布局上,我国企业主要在中国本土申请专利,国际专利申请不

足 20%，而日美企业国际专利申请占申请总量的 40% 以上；在创新主体上，申请量居前百位的申请人里中国不足 10%，且申请人以高等院校与科研院所居多，占比达 57%，而日美两国申请人总数超过 50%，以高科技企业为主，占比超过 90%；在竞争技术上，中、日、美三国研究热点基本一致，但各国专利技术各有侧重，日本以 G06T19（3D 模型或图像操作）为主，美国技术优势集中于 G06T15（3D 图像加工），我国 3D 动漫软件技术起步晚，与日美存在较大差距，但 3D 硬件特定技术，如 3D 动画的捕捉设备（全身动作及面部表情捕捉）、3D 虚拟摄像机等技术已达国际水平。

我国动漫企业在一定意义上既不是美国式的差异性战略型企业，也不是日本式的一致性经营有效型企业，专利申请更多是基于政策扶持的要求，并依靠市场竞争的不完善性、不成熟性和机会主义获取利润，并未形成有效的专利布局形势，其利润和竞争力因此是极不可靠的。

（二）基于动漫 3D 技术专利分析的研判

根据上述检索结果可以获得如下事实判断及启示：第一，全球 3D 动漫技术专利申请速度已由爆发性增长到趋于稳定状态，而 3D 动漫专利技术主导权仍由日美企业掌握；我国近年来 3D 技术专利申请持续活跃，但技术研发以高校和科研院所为主，动漫企业自主创新能力和产学研合作有待加强。第二，日美企业在 3D 动漫技术研发中采用各自独特的技术创新模式和专利布局战略，两种模式虽各有利弊，但在某一特定时期和市场范围内能够有效推进企业技术创新；而我国动漫企业技术发展方向不明确，尚未形成相适应的技术创新策略，导致专利申请盲目性和滞后性。第三，近期美国企业相较于日本企业在技术研发上更为成功，除了技术创新模式带来的发展后果，还有市场与人才因素的影响，一方面本土与海外都有较好的市场前景是美国企业 3D 技术创新的动力，而日本企业目前已逐渐退出欧美市场，仅在亚洲市场有所作为；另一方面善于利用人才是美国企业持续创新的根本保障，美国企业高福利和宽容的多元化企业文化成为成功吸引和留住人才的关键，而日本企业仍旧实行传统的严格等级制度和"零加班费"制度使许多有创新实力的人才望而却步。

第六节　本章小结

本章采用专利数据分析方法，根据典型动漫企业的专利申请量的统计与分析，对其发展趋势、研发方向、研发重点、发明人的变动特征等方面内容进行研究，考察我国动漫技术创新的现状、特点与发展趋势，与此同时，结合动漫技术创新激励的主要制度与方法，分析和讨论相关制度对我国动漫技术创新的影响。结合日本和美国动漫技术价值共创的特点，及其对日本和美国典型动漫企业3D技术创新的影响，为我国动漫技术发展和激励机制构建提供借鉴和启示。

首先，分析影响我国动漫技术创新的主要激励制度与方法。其次，对专利在动漫技术评价中的重要作用，专利分析的研究路径、数据采集策略、样本筛选等方面内容进行介绍。再次，通过统计6家我国动漫样本企业在中国专利申请的数据，对其进行整理和分析，对我国动漫产业技术创新的基本现状和发展趋势进行实证分析，研究结果表明：我国动漫技术专利申请趋势总体上升，后劲不足；研发类型及方向以衍生品开发为主，创新性较低；发明人价值共创意识不强，人才缺口较大。最后，对日美价值共创下动漫产业知识产权激励机制的特点进行分析，并结合日美典型动漫企业3D技术专利申请趋势、研发方向和在华专利布局情况分析，探讨日美动漫产业3D技术创新及其激励机制影响。日美动漫产业3D技术创新的发展过程、现状和趋势为我国动漫技术发展和激励机制的构建提供有益启示。

第七章 价值共创下我国动漫产业知识产权激励机制构建

本章依据目前我国动漫产业政策激励实践现状及类型化分析结果,结合前述价值共创下动漫产业知识产权激励机制构成要素、影响因素、运行模式和实证研究的结论,从激励制度、激励方法和激励基础支撑三个方面构建价值共创下动漫产业知识产权激励机制。

第一节 我国动漫产业政策激励实践现状及类型化分析

一、我国动漫产业政策激励实践现状考察

从政策作用对象角度来看,可将动漫产业政策划分为主体内部效用激励政策和外部环境保障政策两类;进一步根据政策的效能,将主体内部效用激励政策细分为形象创造、内容开发、出版放映及其授权之激励政策三个类型,将外部环境保障政策细分为法制完善、市场监管、文化交流三个类型。据此可呈现出我国动漫产业政策体系的基本结构(见图7.1)。

为揭示我国动漫产业政策的发展轨迹及现状,本书以1996年中共中央宣传部和新闻出版署联合发布《关于制定和实施中国儿童动画出版工程的通知》("5155"工程,是以专项政策扶持动漫发展的开端)

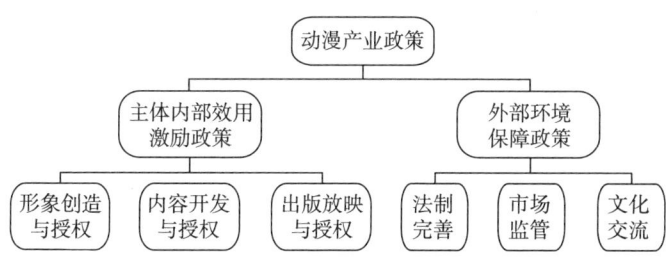

图 7.1　我国动漫产业政策体系结构

为起点,[1] 以之后国务院及相关部委发布的动漫产业相关政策为对象,对我国 1996 年以来动漫产业相关政策的顶层政策设计进行较为细致的类型化分析（见表 7.1）。

表 7.1　国务院及相关部委动漫产业相关政策统计　　　　（项）

发布部门	动漫产业专项政策	文化产业政策	其他相关政策	合计
国务院	0	4	4	8
原文化部	8	12	0	20
原广电总局	15	0	1	16
多部门联合	8	4	2	14
总计	31	20	7	58

资料来源:根据相关政府网站发布政策整理。

二、多主体价值共创视角下的动漫政策激励格局及类型化分析

为进一步厘清相关政策的类型及职能，基于动漫产业涉及的主体主要有动漫作品创作者、动漫产品生产商和消费者，以下从共同激励多

---

[1] 司徒舒文. 为新世纪奠基——"中国儿童动画出版工程"概况 [J]. 中国出版, 1998 (6): 5-7.

主体创造价值的视角细分了四个政策类型：A 创作者与生产者结合政策（包括产学研联合、动漫产业园建设、推进动漫作品深度开发利用、完善动漫产业链等）；B 生产者与消费者结合政策（包括创新商业模式、提供个性化、分众化的文化产品和服务等）；C 创作者与消费者结合政策（包括促进动漫创新、繁荣动漫艺术、创作面向市场等）；D 三主体共同结合政策（包括鼓励动漫作者、企业与消费者交流互动、完善消费者评价市场检验评价体系等）。其中，A 类创作者与生产者的结合主要体现的是产业化过程，政策目标为加快动漫原创作品转化为动漫产品，进入商品流通环节；B 类、C 类主要体现的是市场化过程，政策目标在于动漫产品的成功销售；D 类虽然兼顾产业化与市场化两个方面，但根本目的仍在市场化。如图 7.2 所示，各类政策的相互关联及效能分布构成多主体共创价值追求下的动漫产业政策优化的预期格局。

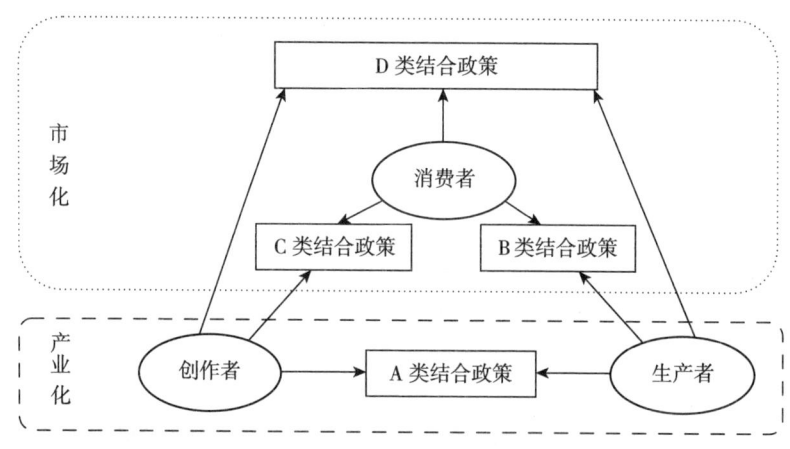

图 7.2　我国动漫产业多主体共同激励政策体系的预期格局

在价值共创理论视阈下，消费者不再只是价值的单纯消耗者，而是互动之下与创作者、生产者共创产业价值。而消费者参与下的动漫产业市场化阶段也是价值产生与增值速度最快的阶段。因此，将消费者的价值共创纳入政策视野就尤为重要。本书依照上述分类及思路，对我国现行政策中涉及动漫产业的每项具体政策条款赋值为1，统计后可得出表7.2所示结果。

表7.2 我国动漫产业对主体内部效用激励政策统计　　　　　（项）

政策内容	A 创作与生产	B 生产与消费	C 创作与消费	D 三方结合	多主体 合计	单一主体 合计
发展目标	4	0	1	2	7	17
方针原则	1	0	0	2	3	3
重点任务	35	3	8	11	57	105
保障措施	8	0	1	4	13	85
合计	48	3	10	19	80	210

价值共创理论与激励理论研究表明，群体成员工作之间的关联度由低到高依次为联合式、顺序式和交互式，而任务关联度与群体激励的强度呈正相关，即群体成员工作之间的任务关联程度越高，团队激励的作用强度也越大。❶ 动漫产业链中各成员在工作之间相互影响、相互作用，主要属于交互式工作方式，因此，对群体共同激励产生的价值应大于对个体激励所产生的价值。

依据上述理论观点检视我国动漫产业政策，可知现行政策存在以下突出问题：(1) 传统的单一主体激励思路依然是现行政策的主导模式。如表7.2所示，无论是发展目标、方针原则、重点任务、保障措施还是政策总数，现行政策对单一主体激励均多于对多主体的共同激励，说明在我国动漫政策制定思路中，沿袭着价值可以并且大多数是由个体独自创造的传统思维，而没有充分考虑到多主体对价值进行共同创造的新政策思路。(2) 消费者的价值共创作用依然被政策制定者忽视。从多主体结合政策的数量来看，我国政府更注重作用于创作者与生产

---

❶ 刘江花，陈加洲. 个体激励与团队激励的选择决策模式 [J]. 管理现代化, 2005 (3)：20-22.

者结合的政策,即注重产业化进程的发展,这方面的政策共计48项,位居四类政策的首位,占四类政策总量的60%,这种政策导向也与我国动漫产业市场化程度较低的现状相印证。

价值共创的重点在于消费者参与新产品或新服务的开发、设计、生产或创新,并在此过程中创造自己的价值。❶ 在价值共创活动中,消费者对各方资源进行合理利用,以一种最终资源整合者的角色,实现共创价值目的。在此过程中,价值随消费者的互动参与和消费行为而持续动态形成,因此,"价值总是由服务的受益人以其独特的现象学方法决定"。❷ 我国在政策制定中,长期忽视消费者对创造动漫产业价值的作用。在仅有的少量扶持消费者与创作者、生产者结合的政策中,也是以创作生产者作为主体,仅涉及鼓励动漫作者与企业正视消费需求,加强与消费者互动的少许措施。而支持消费者作为市场主体,主动进入创作、生产、消费领域,发挥能动作用,与创作者、生产者共创价值的政策几乎没有。这也是我国今后动漫产业政策制定中应当重点关注的问题。

检视我国政府从20世纪末开始启动的动漫产业政策实践,不但在宏观上明确了动漫产业在国家整体经济中的战略地位,确立了动漫产业的发展方向,而且在微观的具体措施上对动漫产业的发展给出了较为详尽的指导意见和激励措施。诸如对国产动漫的播出时间、播出比例、题材规划、发行许可等制定了详尽的扶持措施,还制定了税收激励、优秀动漫机构和动漫产品的评比等各种实际优惠政策来提高动漫企业的生产积极性。这种侧重于对企业的财政补贴以及保护性政策尽管加速了动漫产业发展进程,但在高额补贴和"山寨"动漫的低成本双重利益驱使下,动漫企业为追求产量,开始复制其他优秀作品的核

---

❶ 钟振东,唐守廉,Pierre Vialle. 基于服务主导逻辑的价值共创研究 [J]. 软科学,2014 (1): 31-35.

❷ S. L. Vargo, R. F. Lusch. Service-dominant logic: Continuing the evolution [J]. Journal of the Academy of Marketing Science, 2008 (1): 1-10.

心内容并大量生产模仿产品。从短期效益看，虽然动漫企业数量及动画产量大幅增加，但是并没有带来与之匹配的企业绩效提高和与产量增加等幅的市场价值提升，各动漫企业衍生品开发能力匮乏、产业链缺失等问题也没有随着动画产量快速增加而得到有效改善。❶ 因此，从我国动漫产业长远发展利益考虑，政府应当着力于激发动漫创作的创造力、提高动漫作品质量、提升动漫产品价值、适应市场需求的动漫产业政策的制定。而消费者是动漫市场的主体之一，消费者的作用不容小觑，只有在政策制定中注重引导消费者与创作者、生产者开展价值共创，才能以高水平的创作、高质量的产品、高效率的市场反馈有力地支撑我国动漫产业后来居上。为此，当下我国动漫企业管理者应以更开阔的视野关注产业的价值构成，而动漫政策制定者更应以囊括多元价值共创主体的新思路考量政策的关注要素。动漫产业政策体系的完善，应在充分调动价值共创主体能动性的内部效用激励政策的基础上，优化市场环境等外部环境保障政策。

第二节 我国动漫产业知识产权激励机制的制度构建

（1）在创新激励模式上，政府应遵循动漫产业发展规律，有所为有所不为。我国动漫企业尚处于基础技术和关键技术研发的起步阶段，具有投资大、技术含量高、产品应用成本高等特点，目前市场拉动力还不足，需要政策扶持才能更快走向成熟。但是，"动漫产业链各链端自身发展规律和理性追求不应被忽略，固然政府应以政策推动文化产业

---

❶ 卢斌，郑玉明，牛兴侦. 动漫蓝皮书：中国动漫产业发展报告（2013）[M]. 北京：社会科学文献出版社，2013：132-140.

的发展和繁荣，但这绝不意味着政府在文化产业链各端的全面介入或干预。"❶ 结合日本政府干预型与美国完全市场化创新模式经验，动漫产业的发展仅局限于市场机制和法制保障的完善是不够的，技术萌芽期研发投入高，市场收益低，动漫企业进入技术领域意愿低，没有政府助力企业有可能错失发展良机；同样动漫价值共创激励主要靠政府推动也存在很大隐患，政府支持下的企业创新，知识产权成果集中度高且多以模仿与改进创新为主，原创动漫较少，导致企业发展后劲不足，易较早进入创新瓶颈期。笔者认为，应将政策扶持与市场化、法制化相结合，在动漫产业的创意端、确权端和商业端应分别以政府、司法、市场为主导，并辅以其他激励形式，由此形成良好的协同创新机制，确立国家主导、行业自律和个人参与的我国动漫技术创新模式。政府在动漫产业链创意端的创造力培育以及环境营造上应充分发挥其"主导者"的角色与职能，而在确权端与商业端应以理性"守夜人"为主要角色，以保证市场有序运行为主要任务。而企业更应在技术创新上发挥其能动性，在传统创新模式之外，致力于动漫产业发展特点的技术及商业模式创新。在政策扶持的具体内容上应关注两个维度——政策扶持长度（扶持时间）和政策扶持宽度（扶持范围），最优的政策扶持设计方向应当是短期限、宽范围或者长期限、窄宽度，而政策扶持的长度与宽度同时增大或变小是不适当的，扶持政策应平衡先行创新者、模仿创新者和社会公众的利益，并考虑对整个社会进步的影响。

（2）引导动漫企业制定消费者价值共创管理机制。消费者不仅可以在自我服务消费过程中，使用可用资源和自己的知识、技能、经验等来为自己创造使用价值，成为顾客价值的主创者，甚至还可以通过动漫企业提供的平台进入生产过程中，成为动漫产品的合作创造者。在该环节政策的介入可采指导性意见的方式并结合行业管理机构的培训，

---

❶ 刘华，张祥志. 政府在文化产业链创意端的角色与职能研究 [J]. 出版发行研究，2014 (2)：36-39.

指导动漫企业重新界定其自身与价值共创各方之间的相互关系及作用模式，并将消费者参与价值共创的方式、消费者与企业之间的利益分配机制等体现于企业自身的内部管理机制中，形成一个新的价值创造系统。在价值共创中，消费者互动和消费体验是两个关键问题。如何提高互动质量和提供独特体验支持方式是促进消费者价值共创的重要步骤。指导性政策的重点应该引导与规范动漫作者、企业和消费者的互动方式，帮助动漫企业解决在不同情况下如何向消费者提供独特创造与消费体验的适宜条件，帮助消费者解决如何完善执行价值共创角色的知识和技能并改善体验质量等实际问题。

（3）在动漫版权激励方面，实行动漫分级制。日美等动漫强国的动漫市场细分明确，以消费者需求为导向，针对年龄、题材，甚至职业对动漫作品实行分级，使动漫内容广泛，消费形式多样。❶ 我国可借鉴这一经验，制定相关政策划分动漫种类与级别，其在于：第一，分级制放宽了动漫题材限制，有利于促进作者创造力发挥，丰富动漫作品类型并提高作品质量；第二，分级制拓宽了动漫版权交易领域，有利于扩大动漫消费市场；第三，分级制进一步规范了动漫版权市场运营，有利于动漫产业链良性发展。在分级制具体政策上应体现以下内容：首先，分级对象应包括我国原创动漫及引进动漫，引进动漫在原产国已分级别可作为我国对其重新分级的参考。其次，结合我国国情，对动漫级别划分过细不利于政策执行，因此宜按年龄将动漫作品分为三级：1级为"全年龄"，即任何年龄均可观看；2级为"适龄"，即不适合儿童，需达到12岁以上才能观看；3级为"成人"，即该级别作品只销售给成年人。"适龄"和"成人"级的动漫作品应在商店的单独区域摆放、标识封装、管理销售，或在频道播放前予以提示。

（4）在动漫专利激励方面，切实拓展技术研发方式，加强"产学

---

❶ 経済産業省商務情報政策局メディア・コンテンツ課. コンテンツ産業の現状と今後の発展の方向性［R］. 東京：経済産業省商務情報政策局，2012：15-20.

研"合作与价值共创。对我国样本企业专利申请状况分析可知，我国动漫企业专利申请多为独立申请，联合申请的情况较少。一方面，由于当前我国多数动漫企业的独立研发实力不足，且相关动漫技术开发在高等院校和科研院所也缺少明确的市场导向，因此，应积极倡导、鼓励、强化业内的骨干企业与高校、科研院所之间的合作，通过技术联合开发，提高科技成果转化率，利用优势互补形成一种合力之下的整体推进和突破。另一方面，通过让消费者参与动漫产品测试服务，帮助技术、营销和企业决策人员发现市场需求、改进现有思路、降低成本、提高专利申请效率、提升专利价值等，构建企业独特的竞争优势。而消费者通过参与价值共创，可获得经济奖励、成就感和独特体验。消费者的测试报告又进一步对研发者和企业产生影响，如提高顾客满意度、忠诚度、购买意愿等。这种实践突破了传统价值论所倡导的"生产者是唯一的价值创造者，消费者只是单纯的价值消耗者"主张，在动漫技术合作研发、市场定位与细分、开放式创新等方面都具有显著优势。在技术研发策略上，要优化产业分层布局，推进协同创新。在产业低端层面，发展适合中小微企业的实用性基础技术，维持我国在低端技术与产品市场中的竞争力；在产业高端层面，依托各动漫基地、产业园已有的较雄厚软硬件基础和设施，鼓励优势企业以多种方式提高3D动漫技术的研发强度、规模和集中度。从日美样本企业在中国大陆地区专利分析可知，外资企业在我国的3D动漫技术溢出水平有限，尚未在我国形成完整、有效的专利布局，我国3D动漫技术还有很大发展空间。[1]对于主流3D动漫技术，可采取引进—消化—再创新方式，不仅缩短其技术开发周期，而且着重以原核心专利为中心，研发相关应用技术专利、组合专利、外围专利，力求形成以原核心专利为中心的技术圈和专利圈。鉴于目前我国多数动漫企业的独立研发实力不足、高校及科研

---

[1] Global Animation Industry Strategies, Trends & Opportunities [R]. New York：digital vector, 2014：331-334.

院所技术研发的市场导向不明,应鼓励有实力的动漫企业与技术型企业、高校、科研院所等开展协同创新,通过优势互补、整体推进、共同突破,形成以专利联盟为主体,专利组合与专利布局策略为主要内容,协同推进的专利战略体系。

(5)在动漫商标激励方面,引导并推进动漫品牌共创。第一,在企业经营层面,应强化企业品牌价值的顾客认知,致力于建立并维持企业与利益相关者的紧密联系与互动,动漫企业需重新定位消费者角色,改变以往对"消费者仅为品牌信息被动接受者"的陈旧认知,摒弃说教式影响消费者品牌关注度的传统做法,开辟更多途径以疏通消费者回馈渠道。企业应与消费者合作管理"消费者网络关系",并鼓励和推进消费者主动参与品牌价值共创过程,从而实现自下而上、由外及内的品牌创造。此外,品牌管理还应在消费者和企业的双边关系之外,着眼于动漫作者、企业、消费者和其他利益相关者互动,以协同驱动品牌的价值提升。第二,在政策制定层面,动漫产业政策应引导动漫企业充分利用价值创造中消费者的能动性,使之成为品牌价值的共同创造者。因此,政府不仅应重视动漫从业者品牌知识与技能的提升,还应关注企业对消费者参与品牌构建行动的引导,搭建平台帮助动漫企业与合作商、供应商联合,形成品牌效应影响顾客认知,并塑造动漫企业良好口碑。与此同时,政府应周期性和机制化对动漫品牌发展状况进行评测,分析在动漫品牌共创过程中各相关主体的发展动向和潜在问题,以此指导动漫企业完善营销决策。

第三节 我国动漫产业知识产权激励机制的方法构建

(1)基于扁平化管理的激励方法。扁平化管理是一种组织内部主动变革,其通过减少中间管理层,破除组织内部垂直多层次结构的管理壁垒，构建紧缩型横向组织，具有创新性、高效性、竞争性和适应性等特点。扁平化管理较好地解决了传统等级式科层制管理模式的弊端，更能适应当前激烈的市场竞争和快速的技术变革。在传统的等级式科层组织中，企业虽然可以为组织内成员提供较为广阔的职位晋升空间，满足成员"尊重感"需求。但是，在价值共创活动中，组织结构趋于扁平化、虚拟化，创新主体的职位等级逐渐模糊，以纵向晋升为主要激励方式的作用消失或削弱。因此，一般不能使用晋升的激励手段对价值共创参与者进行激励，与之相对应的，传统的物质与精神激励无法发挥激励功能，于是，动漫企业只能使用其他激励方法对创新主体在价值共创活动中的各项需求与期望予以满足。在价值共创扁平化管理模式下，知识产权激励的特征集中体现在以下几个方面。

第一，以工作成就为激励导向。从创新主体的角度来看，扁平化管理使得晋升机会与薪酬提高机会大大减缩，由此产生的激励作用减弱，因此需借由以精神激励为导向的激励方法的建立，使创新主体重点偏向对工作成就的关注，以形成长期激励效用，进而促进动漫企业的稳定、高效发展。第二，以组织目标为导向。扁平化管理模式下，创新主体的个人目标与动漫企业的组织目标的统一性提高，差异性降低，因此，能有效提高创新效率。第三，以相互协作为工作方式取向。价值共创活动的本质是各类创新主体实现价值共同创造，扁平化管理模式使得创新主体之间的交叉性与交融性加强。第四，以组织文化与氛围建设为手段。扁平化管理模式下，以制度为手段的传统科层制管理模式激励机制的作用弱化。价值共创活动中，创新主体的工作内容丰富化、多样化，由此对创新主体的适应性和创造性也提出更高的要求。因此，应改变对创新主体的过多制度控制，着力构建良好的价值共创组织文化并营造相应组织氛围，以此激励创新主体创造性地解决问题。❶

（2）基于柔性管理的激励方法。柔性管理强调"以人为中心"，基

---

❶ 何苏华. 组织结构扁平化与员工激励机制重建 [J]. 商业研究, 2003 (2): 29-30.

于组织共同的价值观和文化进行人格化管理,它建立在人的心理和行为规律的基础上,采用一种非强制性方式,在成员心中形成潜在说服力,并由此将组织意志转化为成员个人的自觉行动。动漫价值共创活动自身运行过程中的动态性、多样性、复杂性、交互性等特征,对动漫价值共创组织在处理各种因素时的及时性和有效性有较高要求。因此,动漫价值共创组织发展中实施柔性管理的基础得以确定。基于柔性管理的激励方法,其最大优势在于不依赖外部驱动力,而是主要通过人性解放、权力平等、民主管理等理念,对管理对象施以软控制,以此激发创新主体的潜力、主动性和创造精神。需要注意的是,柔性管理激励方法是对刚性管理激励方法的相对完善而非否定,是一种在原有刚性管理激励框架基础上的管理方法和思想的改进,由此达成刚柔并济的效果。因此,动漫价值共创的柔性激励应立足于传统的制度化激励基础之上,即建立健全的规章制度和完善的绩效评价体系,并结合柔性管理的具体激励方法,即荣誉激励、目标激励、情感激励、行为激励、信任激励等。

(3)基于团队管理的激励方法。通常认为在团队激励模式下,成员可以做出较强的亲社会行为(Pro-social Behavior),由此,团队成员之间的信息交换、互动学习及协作创新也将相应得以改善。团队激励的利益回报以整体绩效为基础而确定,这种团队成员中对利益回报的分享行为能够对成员个人的动机与行为,同团队整体的目的与做法产生一定程度的连接,是一种行之有效的激励方法,尤其适用于价值共创这种团队成员互相依赖程度较高的团队。[1] 基于团队管理的激励方法的两个关键要素是激励强度与分配规则。

(4)基于跨文化管理的激励方法。跨文化,即多种不同文化背景

---

[1] Jacquelyn S. Dematteo, Lillian T. Eby, Eric Sundstrom. Team-based rewards: current empirical evidence and directions for future research [J]. Research in Organizational Behavior, 1998 (20): 141-183.

的群体之间的交互影响和相互作用。价值共创中的跨文化管理,是指参与价值共创活动的不同文化群体在交互作用过程中,将对应文化整合措施融入价值共创激励机制,有效化解矛盾与冲突,从而高效地实现动漫创新。由于价值共创的主要参与者,尤其是动漫消费者在职业、学历、性别、性格、年龄、地域、民族等方面都不尽相同,因此,价值共创活动中的核心问题之一是对具有差异性的创新主体的动机与行为的协调,使其能够推动组织预期目标的实现。在此之中,对差异性创新主体的有效管理与激励,即基于跨文化管理的激励方法发挥了重要作用。不同文化对激励理论和实践有较大影响,对于文化的难以察觉性和难以测量性,霍夫斯坦德(Hofstede)提出了具有开创性的著名的民族文化四维度理论,认为不同文化背景的雇员在以下四个方面具有明显差别:①权利距离;②对不确定性的回避;③个人主义/集体主义倾向;④男性化/女性化倾向。❶ 因此,在动漫价值共创中基于跨文化管理的激励方法,应注意以下几点。第一,多样化原则。文化的多样性和创新主体需求的差异性是价值共创过程中的客观存在,因此激励多样化是必然选择。第二,动态原则。激励政策的制定并非静态的,而应随着组织的内部和外部条件以及环境的变化而动态调整,当然这并不是说政策应时时处于波动状态,而是要在保证其相对稳定性的前提下,因时因势利导。第三,包容原则。包容的本质就是容忍创新主体之间的个体差异。将不同文化背景、不同需求的个体凝聚于组织的共同目标和愿景之下,包容性是实现跨文化激励下"多赢局面"的必要条件。第四,沟通原则。在正式沟通和非正式沟通,上行沟通、下行沟通和平行沟通等多种沟通方式的选择中,价值共创应采取在正式沟通的基础上的非正式沟通,通过打通各种沟通方式的渠道,促进创新主体之间的交流互动,实时掌握创新主体的需求和思维动向。第五,信任原则。信

---

❶ [荷兰]霍夫斯坦德. 跨越合作的障碍——多元文化与管理[M]. 尹毅夫,等译. 北京:科学出版社,1996.

任在工作中主要体现为授权。❶ 在价值共创中，动漫企业应当充分信任各创新主体，授权让其进行动漫作品和技术相关研发工作，使其能充分利用各自优势资源施展才能，满足创新主体对于"尊重感"以及"自我实现"的高层次需求。

第四节　我国动漫产业知识产权激励机制的基础支撑构建

（1）持续加强人才队伍建设，增强发展"软"实力。人才是技术创新的源头，动漫产业是高新技术型产业，智力资源对其发展具有至关重要的作用。我国有长期为国外动漫企业"代工"的历史，能够熟练运用动漫软硬件技术的人才并不少见。现阶段我国动漫企业最缺乏的是技术研发人才和高层次技术管理人才。为此，一方面要优化人才培养模式，提高动漫技术从业人员的创新能力与创新积极性；另一方面要在公平合理的基础上，构建创新型人才的激励与评价机制，在动漫产业链与价值链的各领域与各环节对创新性与竞争性强的高素质人才进行针对性培养，逐渐形成与发展具有持续创新能力的人力资源竞争优势。

（2）营造尊重动漫知识产权的社会氛围。根据前文所述，消费者参与价值共创会受到经济、心理和社会动机的驱动，故良好的市场环境尤其是尊重动漫知识产权的氛围是实现动漫价值共创的社会基础。日本政府特别重视通过加强知识产权教育、宣传提高公民的知识产权意识和全社会对知识产权的价值认同，培育独具特色的知识产权文化，通过数十年努力，日本已成为国际上知识产权法治水平、文化氛围都较高的国家。日本经验表明，良好的知识产权社会基础为动漫产业成

---

❶ 李玉萍. 基于需求差异分析的跨文化组织激励研究［J］. 甘肃社会科学，2013（4）：212-215.

长提供了优越的市场环境：日本民众对动漫品牌认可度、动漫企业忠诚度、动漫正品执着度的提高，形成了日本动漫发展的多重推动力量，激励了动漫作者的创作热情，提升了动漫企业自主创新能力，增强了动漫产业的市场竞争力。❶ 日本与我国地理位置毗邻、文化传统趋同，其动漫产业发展的成功实践提供了宜于我国移植的经验。在当今中国，如果不首先解决公众对动漫知识产权的价值认同，动漫产业的价值共创就是一种缺乏基本价值观支撑的实践，其政策实施也会沦为一种奢谈。因此，当下政策的着力点不仅需关注主体内部效用的激励，还需从动漫产业的可持续发展着眼，关注外部环境的改善。政府主导知识产权文化建设，有针对性地开展动漫知识产权宣传、教育，提高全民动漫知识产权意识，均为在相当长的时期内，我国动漫政策需持续实施的措施。当崇尚创新精神、尊重知识产权的观念深入人心，拥有了良好的产业发展外部环境，产业内部动漫作者、企业及消费者共同参与的价值共创活动才能欣欣向荣。

第五节　本章小结

本章首先对我国动漫产业政策激励实践现状进行考察，并通过类型化分析，指出我国动漫产业知识产权激励机制存在的问题。一是传统的单一主体激励思路依然是现行政策的主导模式。无论是发展目标、方针原则、重点任务、保障措施还是政策总数，现行政策对单一主体激励均多于对多主体的共同激励，说明在我国动漫政策制定思路中，沿袭着价值可以并且大多数是由个体独自创造的传统思维，而没有充分

---

❶ 経済産業省.コンテンツ産業の成長戦略に関する研究会報告書［R］.東京：経済産業省，2010：24-25.

考虑到多主体对价值进行共同创造的新政策思路。二是消费者的价值共创作用依然被政策制定者所忽视。从多主体结合政策的数量来看，我国政府更注重作用于创作者与生产者结合的政策，即注重产业化进程的发展，这方面的政策共计 48 项，位居四类政策的首位，占四类政策总量的 60%，这种政策导向也与我国动漫产业市场化程度较低的现状相印证。

针对动漫产业知识产权激励机制中所反映出来的问题，本章主要从激励制度、方法、基础支撑三个方面入手，提出价值共创下我国动漫产业知识产权激励机制构建的对策和建议。第一，在激励制度构建方面。在创新激励模式上，政府应遵循动漫产业发展规律，有所为有所不为；引导动漫企业制定消费者价值共创管理机制；在动漫版权激励方面，实行动漫分级制；在动漫专利激励方面，切实拓展技术研发方式，加强"产学研"合作与价值共创；在动漫商标激励方面，引导并推进动漫品牌共创。第二，在激励方法构建方面。基于扁平化管理的创新激励方法；基于柔性管理的创新激励方法；基于团队管理的创新激励方法；基于跨文化管理的创新激励方法。第三，在基础支撑构建方面。持续加强人才队伍建设，增强发展"软"实力；营造尊重动漫知识产权的社会氛围。

第八章 结论和展望

第一节 本书的研究结论

本书围绕我国动漫产业价值共创下的知识产权激励机制研究这一主题，综合运用管理学、法学、经济学等相关理论，对影响我国动漫产业价值共创下知识产权激励机制的基本理论、构成要素、影响因素以及运行模式进行深入分析，并对我国动漫技术创新的激励机制与实施效果进行初步探讨，对比日本、美国企业的动漫 3D 技术专利信息分析，为我国动漫技术创新激励机制的完善提供有益启示。概述本书的研究成果，可以得出以下基本结论。

（1）对于相关理论研究进行文献综述和梳理。对价值共创理论、基于工具主义的知识产权理论和基于知识创新的激励理论的研究进展进行梳理。对价值共创的定义进行总结，分析价值共创的特点、研究视角和管理模式。对古代、现代、当代基于工具主义的知识产权理论研究和实践作用进行检视与分析。对前人研究的基于知识创新的激励因素进行概括、总结和提炼。在文献综述与理论梳理的基础上，指出价值共创、基于工具主义的知识产权和基于知识创新的激励理论在本研究中的适用性。

（2）通过对价值共创下动漫产业知识产权激励机制的构成要件与影响因素进行梳理和分析，总结动漫产业价值共创下的知识产权激励对象、目标、制度和方法，以及动漫产业知识产权价值分配中创作者、生产者、消费者的各自激励影响因素；并通过对激励价值创造为源头的动漫产业发展促进体系的研究，提出动漫产业知识产权激励机制的着力点，并为我国动漫产业价值创造激励与引导政策提供优化思路。

（3）以动漫知识产权价值共创所构成的系统为研究对象，根据价值共创系统特性和作用，以促使创新成果出现的诸要素的相互联系与相互作用方式以及这些要素与外部环境之间所形成的互动关系为分析路线，结合本书第三章和第四章的相关结论，建构价值共创下动漫产业知识产权激励机制运行模式，即在外部环境因素的作用和影响下，来自创新主体层、决策管理层和支撑平台层的推动力和支持力都将直接或间接地转化为价值共创核心创新团队的驱动力，成为作用于动漫价值共创的动力源泉。对价值共创核心创新团队中的创新主体，即动漫创作者、生产者和消费者的激励又受到各主体内部激励因素和激励控制因素的影响。而成功的价值共创活动会反作用于技术、市场、政府、环境等动漫创新网络诸要素，激发出新的创新需求，以激励新一轮价值共创活动在更高层次上的发展，从而使动漫创新呈螺旋式上升。

（4）针对我国理论界关于动漫创新激励机制的研究定性分析多、定量分析少，理论研究多、实证研究少的弱点，本书利用专利信息分析、政策分析和问卷调查的方法进行实证调查与效度研究。具体表现为：第一，运用专利信息分析，一方面，力图科学、合理地评价我国动漫技术创新的效果，揭示冲突措施和制度盲点，找到激励切入点，形成动漫市场主体的激励需求判断；另一方面，通过对日美动漫企业3D技术专利分析，提出两种动漫产业技术创新发展模式，并为我国动漫技术创新激励提供有益启示。第二，运用政策分析，厘清国内外与动漫产业具有强相关性的法律与政策，并结合政治形势、法律体系、经济水平与文化基础等情况，呈现各国动漫产业制度的内容与特征、知识产权制度治理与激励的运作状况与发展趋势判断，为我国动漫产业知识产权激励机制提供比较和参考依据。第三，运用问卷调查，分析动漫消费者参与动漫知识产权价值共创的激励影响因素，及其与创作者、生产者激励因素的区别。

（5）对我国动漫产业政策激励实践现状进行考察，并通过类型化分析揭示现行制度以单一主体激励为主导模式，在发挥消费者能动性、激励创作者及生产者创新创造、提高产业价值贡献率方面的突出问题，并据此提出完善我国动漫产业包括动漫创作者、生产者、消费者共同参与的多主体共同激励机制体系的预期格局。研究结果表明：其一，传统的单一主体激励思路依然是现行政策的主导模式。无论是发展目标、方针原则、重点任务、保障措施还是政策总数上，现行政策对单一主体激励均多于对多主体的共同激励，说明在我国动漫政策制定思路中，沿袭着价值可以并且大多数是由个体独自创造的传统思维，而没有充分考虑到多主体对价值进行共同创造的新政策思路。其二，消费者的价值共创作用依然被政策制定者所忽视。从多主体结合政策的数量看，我国政府更注重作用于创作者与生产者结合的政策，即注重产业化进程的发展，这方面的政策共计48项，位居四类政策的首位，占四类政策总量的60%，这种政策导向也与我国动漫产业市场化程度较低的现状相印证。

（6）根据价值共创视阈下动漫产业知识产权激励机制的构成要素、影响因素和运行模式展开，对我国价值共创下动漫产业知识产权激励机制的完善提出以下具体建议措施：第一，在激励制度构建方面。在创新激励模式上，政府应遵循动漫产业发展规律，有所为有所不为；引导动漫企业制定消费者价值共创管理机制；在动漫版权激励方面，实行动漫分级制；在动漫专利激励方面，切实拓展技术研发方式，加强"产学研"合作与价值共创；在动漫商标激励方面，引导并推进动漫品牌共创。第二，在激励方法构建方面。主要包括：基于扁平化管理的激励方法、基于柔性管理的激励方法、基于团队管理的激励方法、基于跨文化管理的激励方法。第三，在基础支撑构建方面。持续加强人才队伍建设，增强发展"软"实力；营造尊重动漫知识产权的社会氛围。

第二节 对未来研究的展望

尽管本书对价值共创理论视阈下动漫产业知识产权激励机制的研究进行了一些新的尝试，并取得一定进展，但也只是在初步分析的基础上形成的阶段性成果，我国价值共创下动漫产业知识产权激励机制的理论研究和实证分析还有诸多地方可以进一步完善和继续探索，概括起来，包括以下三个方面。

（1）完善价值共创激励对动漫创新的影响和绩效研究。本书在前人研究成果的基础上，运用专利分析的方法尝试用现行激励机制对动漫技术创新的影响和绩效进行简单定量分析和定性研究，对于激励机制绩效研究的模式、过程和标准及其完善还有待进一步检验和研究。另外，激励机制对动漫版权创新的影响和绩效尚未进行研究。

（2）价值共创下的利益分享机制研究。本书基于现有文献，对动漫产业知识产权价值分配的研究还停留于较浅层次的研究阶段，有关利益分配机制的更多内容与更深层次的研究还有待下一阶段的深化。价值共创作为一种跨企业、多主体的协同创新模式，利益分享机制涉及主体丰富而互动频繁，成本投入与利益获取博弈复杂，利益分配与创新绩效及其可持续性具有重要关联。下一阶段的研究应注重利益分享下的多方博弈、新媒体环境下的利益侵害与规制等问题。

（3）进一步深化对价值共创下动漫产业知识产权激励机制运行障碍和制约因素的研究。在研究价值共创下动漫产业知识产权激励机制中，精准识别制约激励机制有效运行、阻碍激励作用发挥的消极因素与瓶颈因子是重要的研究内容，由此，才能高效、科学地制定出针对性政策，有力克服缺陷以提升系统的运行效率。然而，当前的研究方法还停留于分析判断的定性研究以及一些简单的定量研究，实证研究方面还有待进一步深化,因此,应当收集相当的数据资源,在更加科学的实证研究中发现其内在规律。

参考文献

外文参考文献

[1] V. Fuchs. The service economy [M]. New York: Columbia University Press, 1968.

[2] G. Hofstede. Culture's Consequences: International Differences in Work-Related [M]. California: Sage Publications Ltd, 1980.

[3] G. Hofstede. Cultures and Organizations: Software of the Mind, Intercultural Cooperation and its Importance for Survival [M]. New York NY: McGraw-Hill, 1991.

[4] P. David. Intellectual Property institutions and the panda's thumb: patents, copyright and trade secrets in economic theory and history [M] //M. B. Wallerstein et al. Global dimensions of intellectual property rights in science and technology. Washington D. C.: National Academy Press, 1993.

[5] James F. Moore. The death of competition: Leadership and strategy in the age of Business Ecosystems [M]. New York: HarperBusiness, 1996.

[6] Peter Drahos. A Philosophy of Intelleetual Property [M]. Aldershot: Ashgate Publishing Company, 1996.

[7] John A. Lent. The Animation Industry and Its offshore Factories [M] // John A. Lent, Sussman Gerald. Global Productions: Labor in the Making of the Information Society. New York: Hampton Press, 1998.

[8] Donella Meadows. Leverage Points: Places to Intervene in a System

[M]. Hartland: The Sustainability Institute, 1999.

[9] Bruno S. Frey. Art & Economics: Analysis &Cultural Policy [M]. Berlin: Springer-Verlag, 2000.

[10] Stuart Crainer. The Management Century [M]. New York: Jossey-Bass, 2000.

[11] John A. Lent. Animation in Asia and the Paeific [M]. Sydney and London: John Libbey & Co. Ltd., 2001.

[12] Li Jizhen, Wu Guisheng. Building knowledge infrastructure to promote the knowled economy (One Chapter) [M] // Sheeham P, Xue Lan. China's future and the knowledge economy. Wellington: Victoria University Press, 2001.

[13] C. K. Prahalad, V. Ramaswamy. The Future of Competition: Co-Creating Unique Value with Customers [M]. New York: Harvard Business Review Press, 2004.

[14] R. F. Lusch, S. L. Vargo. The Service-Dominant Logic of Marketing: Dialog, Debate, and Directions [M]. Armonk, NY: M. E. Sharpe, 2006.

[15] Inge Govaere. Intellectual Property, Public Policy and International Trade [M]. Brussels: P. I. E. Peter Lang, 2007.

[16] C. K. Prahalad, M. S. Krishnan. The New Age of Innovation: Driving Co-Created Value Through Global Networks [M]. New York: McGraw-Hill Education, 2008.

[17] M. Dodgson, D. Gann, A. Salter. The Management of Technological Innovation: Strategy and Practice [M]. Oxford: Oxford University Press, 2008.

[18] M. A. Schilling. Strategic management of technological innovation [M]. Tata McGraw-Hill Education, 2009.

[19] R. F. Lusch, S. L. Vargo. Service-Dominant Logic: Premises, Per-

spectives, Possibilities [M]. Cambridge, UK: Cambridge University Press, 2014.

[20] C. Gronroos. Service productivity [M]. SAGE Publications, 2015.

[21] Japanese Economy Division. Japanese Video Game Industry [R]. Tokyo: JETRO, 2007.

[22] Digital Vector. Global Animation Industey: Strategies, Trends and Opportunities [R]. Limassol: Digital Vector, 2008.

[23] Clark Lester Bautista. The Philippine Animation Industry Landscape [R]. Manila: Tholons Research Report, 2008.

[24] Kie-Un Yu. Development of the Korean Animation Industry, Historieal, Economie and Cultural Perspeetives [D]. Ph. D. Dissertation. Temple University, 1999.

[25] D. T. Hall. A theoretical model of career subidentity development in organizational settings [J]. Organizational Behavior & Human Performance, 1971, 6 (1).

[26] L. G. Zuker. Production of Trust: Institutional sources of economic structure, 1840 – 1920 [J]. Research in Organizational Behavior, 1986 (8).

[27] Edwin C. Hettinger. Justifying Intelleetual Property [J]. Philosophy and Public affairs, 1989, 18 (1).

[28] William Moritz. Resistance and Subversion in Animated Films of the Nazi Era: The Case of Hans Fischerkoesen [J]. Animation Journal, 1992 (1).

[29] R. Normann, R. Ramirez. From Value Chain to Value Constellation [J]. Harvard Business Review, 1993, 71 (4).

[30] Jacquelyn S. Dematteo, Lillian T. Eby, Eric Sundstrom. Team-based rewards: current empirical evidence and directions for future research [J]. Research in Organizational Behavior, 1998 (20).

［31］ M. Lemley. The Moden Lanham Act and the Death of Common Sense ［J］. Yale Law Journal, 1999, 108 (7).

［32］ R. Ramirez. Value co-production: intellectual origins and implications for practice and research ［J］. Strategic Management Journal, 1999, 20 (1).

［33］ H. Knyazeva. Synergetics and the Images of Future ［J］. Futures, 1999, 31 (3).

［34］ C. K. Prahalad, V. Ramaswamy. Co-opting customer competence ［J］. Harvard Business Review, 2000, 78 (1).

［35］ C. K. Prahalad, V. Ramaswamy. Co-Creation Experiences: The Next Practice in Value Creation ［J］. Journal of Interactive Marketing, 2004, 18 (3).

［36］ Holbrook. Consumption Experience, Customer Value, and Subjective Personal Introspection: An Illustrative Photographic Essay ［J］. Journal of Business Research, 2006, 59 (6).

［37］ R. F. Lusch, S. L. Vargo, M. O'Brien. Competing through service: Insights from service-dominant logic ［J］. Journal of Retailing, 2007, 83 (1).

［38］ S. Auh, S. J. Bell, C. S. Mcleod et al. Co-production and customer loyalty in financial services ［J］. Journal of Retailing, 2007, 83 (3).

［39］ C. Gronroos. Service-dominant logic revisited: who creates value and who co-creates? ［J］. European Business Review, 2008, 20 (4).

［40］ R. F. Lusch, S. L. Vargo. Service dominant logic: continuing the evolution ［J］. Journal of the Academy of Marketing Science, 2008, 6 (1).

［41］ S. L. Vargo, P. P. Maglio, Melissa Archpru Akaka. On value and value co-creation: A service systems and service logic perspective

[J]. European Management Journal, 2008, 26 (3).

[42] G. Ramani, V. Kumar. Interaction Orientation and Firm Performance [J]. Journal of Marketing, 2008, 72 (1).

[43] M. Etgar. A descriptive model of the consumer co-production process [J]. Journal of the Academy Marketing Science, 2008, 36 (1).

[44] H. J. Schau, J. A. Muniz, E. J. Arnould. How brand community practices create value [J]. Journal of Marketing, 2009, 73 (9).

[45] R. Sánchez Fernández, M. A. Iniesta Bonilla, M. B. Holbrook. The Conceptualization and Measurement of Consumer Value in Services [J]. Journal of Market Research, 2009, 51 (1).

[46] Heinonen, Strandvik. Monitoring Value in use of E-service [J]. Journal of Service Management, 2009, 20 (1).

[47] K. Heinonen, T. Strandvik, K. Mickelsson. A customer dominant logic of service [J]. Journal of Service Management, 2010, 21 (4).

[48] Echeverri, Skalen. Co-creation and Co-destruction: A Practice theory Based Study of Interactive Value Formation [J]. Marketing Theory, 2011, 11 (3).

[49] Gummerus, Pihlstrom. Context and Mobile Services Value in use [J]. Journal of Retailing and Consumer Services, 2011, 18 (6).

[50] Gronroos, Voima. Critical Service Logic: Making Sense of Value Creation and Co-creation [J]. Journal of the Academy of Marketing Science, 2012, 41 (2).

[51] Roser Thorsten, De Filippi Robert, Samson Alaiii. Managing your co-creation mix: co-creation ventures in distinctive contexts [J]. European Business Review, 2013, 25 (1).

[52] 生越由美. デジタルコンテンツの視点からみた文化産業と知的財産. 年度著作権・コンテンツ委員会特集 [M]. 東京：コンテンツ委員会, 2007.

[53] 津堅信之. 日本アニメーションの力 [M]. 東京：NTT出版, 2011.

[54] コンテンツ委員会. アニメの著作権 [R]. 東京：コンテンツ委員会, 2007.

[55] 経済産業省. コンテンツ産業の成長戦略に関する研究会報告書 [R]. 東京：経済産業省, 2010.

[56] 経済産業省商務情報政策局メディア・コンテンツ課. コンテンツ産業の現状と今後の発展の方向性 [R]. 東京：経済産業省, 2012.

[57] 経済産業省・総務省. コンテンツ海外展開の促進に向けた施策について [R]. 東京：経済産業省・総務省, 2013.

[58] 日本動画協会. 動画産業レポート2015 [R]. 東京：日本動画協会, 2015.

[59] 成瀬重雄, 奥野彰彦. 知っておきたいソフトウェア特許関連判決 (その10)——任天堂ゲームボーイアドバンス事件 [J]. パテント, 2008, 61 (3).

中文参考文献

[60] [美] 国家科学技术委员会. 技术与国家利益（第一版）[M]. 李正风, 译. 北京：科学技术文献出版社, 1999.

[61] [日] 中野晴行. 动漫创意产业论 [M]. 甄西, 译. 北京：中国传媒大学出版社, 2007.

[62] [日] 增田弘道. 日本动漫产业的商业运作模式 [M]. 李希望, 译. 上海：龙门书局, 2012.

[63] [美] 罗伯特·P. 墨杰斯, 等. 新技术时代的知识产权法 [M]. 齐筠, 等译. 北京：中国政法大学出版社, 2003.

[64] [法] 让-雅克·拉丰, 大卫·马赫蒂摩. 激励理论（第一卷）：

委托-代理模型［M］. 陈志俊，等译. 北京：中国人民大学出版社，2002.

[65] ［美］J. 史蒂文·奥特，等. 组织行为学经典文献（第三版）［M］. 王蔷，等译. 上海：上海财经大学出版社，2009.

[66] ［法］埃哈尔·费埃德伯格. 权力与规则——组织行动的动力［M］. 张月，等译. 上海：上海人民出版社，2005.

[67] ［荷兰］乔治·亨德里克斯. 组织的经济学与管理学：协调、激励与策略［M］. 胡雅梅，等译. 北京：中国人民大学出版社，2007.

[68] ［美］道格拉斯·C. 诺思. 经济史中的结构与变迁［M］. 陈郁，罗华平，译. 上海：上海人民出版社，1994.

[69] ［英］约翰·齐蛮. 元科学导论［M］. 张平，等译. 长沙：湖南人民出版社，1988.

[70] ［美］弗里蒙特·卡斯特，詹姆斯·罗森茨韦克. 组织与管理——系统方法与权变方法［M］. 傅严，等译. 北京：中国社会科学出版社，1985.

[71] ［美］彼得·圣吉. 第五项修炼——学习型组织的艺术与实务［M］. 郭进隆，译. 上海：上海三联书店，1998.

[72] ［美］亚伯拉罕·马斯洛. 动机与人格［M］. 许金声，等译. 北京：中国人民大学出版社，2007.

[73] ［美］赫茨伯格，等. 赫茨伯格的双因素理论［M］. 张湛，译. 北京：中国人民大学出版社，2009.

[74] ［荷兰］霍夫斯坦德. 跨越合作的障碍——多元文化与管理［M］. 尹毅夫，等译. 北京：科学出版社，1996.

[75] 冯晓青. 知识产权法哲学［M］. 北京：中国人民公安大学出版社，2003.

[76] 陈振明. 政策科学［M］. 北京：中国人民大学出版社，1998.

[77] 李琛. 知识产权法体系［M］. 北京：中国政法大学出版社，2004.

[78] 李桂荣. 市场调查与预测［M］. 北京：经济管理出版社，2004.

[79] 刘华. 知识产权制度的理性与绩效分析 [M]. 北京：中国社会科学出版社，2004.

[80] 傅家骥. 技术创新学. [M]. 北京：清华大学出版社，1998.

[81] 王伟光. 创新与中国社会发展 [M]. 北京：中共中央党校出版社，2003.

[82] 陈钊. 信息与激励经济学 [M]. 上海：上海三联书店，上海人民出版社，2005.

[83] 张维迎. 信息、信任与法律 [M]. 北京：生活·读书·新知三联书店，2003.

[84] 刘轶，张琐. 中国新时期动漫产业与动漫营销 [M]. 北京：中国戏剧出版社，2005.

[85] 马费成，靖继鹏，等. 信息经济分析 [M]. 北京：科学技术文献出版社，2005.

[86] 彭裴章，等. 科学研究与开发中的信息保障 [M]. 武汉：武汉大学出版社，1998.

[87] 付子堂. 法律功能论 [M]. 北京：中国政法大学出版社，1999.

[88] 王翼中. 动画产业经营与管理 [M]. 北京：中国传媒大学出版社，2006.

[89] 彭四平，董恒庆. 激励心理学——人类前进的推动器 [M]. 武汉：湖北人民出版社，2006.

[90] 冯晓青. 知识产权法利益平衡理论 [M]. 北京：中国政法大学出版社，2006.

[91] 王明友. 知识经济与技术创新 [M]. 北京：经济管理出版社，1999.

[92] 陈光旨，等. 从复杂性科学看管理——主客体管理思维 [M]. 桂林：广西师范大学出版社，2007.

[93] 杨瑞龙，周业安. 企业共同治理的经济学分析 [M]. 北京：北京经济科学出版社，2001.

［94］ 王伟光，吉国秀. 知识经济时代的技术创新［M］. 北京：经济管理出版社，2007.

［95］ 倪波，霍丹. 信息传播原理［M］. 北京：书目文献出版社，1996.

［96］ 崔丽娟. 心理学是什么［M］. 北京：北京大学出版社，2007.

［97］ 李祖超. 教育激励论［M］. 北京：中国社会科学出版社，2008.

［98］ 周宏仁. 信息化论［M］. 北京：人民出版社，2008.

［99］ 严怡民. 现代情报学理论［M］. 武汉：武汉大学出版社，1997.

［100］ 陈传夫. 信息资源知识产权制度研究［M］. 长沙：湖南大学出版社，2008.

［101］ 李明德. 美国知识产权法［M］. 北京：法律出版社，2003.

［102］ 靖继鹏，等. 情报科学理论［M］. 北京：科学出版社，2009.

［103］ 刘华，黄金池. 中国动漫产业受众定位低龄化的危机与应对［J］. 北京社会科学，2014（8）.

［104］ 周莹，刘华. 以创意为核心的文化产业发展驱动要素研究［J］. 管理现代化，2014（5）.

［105］ 吴贵生，王毅. 技术创新管理［M］. 2版. 北京：清华大学出版社，2009.

［106］ 胡惠林. 我国文化产业政策文献研究综述［M］. 上海：上海人民出版社，2010.

［107］ 钟振东，唐守廉，Pierre Vialle. 基于服务主导逻辑的价值共创研究［J］. 软科学，2014（1）.

［108］ 夏南强. 信息采集学［M］. 北京：清华大学出版社，2012.

［109］ 赵玉林. 高技术产业经济学［M］. 2版. 北京：科学出版社，2012.

［110］ 方新. 创新型国家建设报告（2011—2012）［M］. 北京：社会科学文献出版社，2012.

［111］ 卢斌，郑玉明，牛兴侦. 动漫蓝皮书：中国动漫产业发展报告（2014版）［M］. 北京：社会科学文献出版社，2014.

[112] 李玉萍. 基于需求差异分析的跨文化组织激励研究 [J]. 甘肃社会科学, 2013 (4).

[113] 宋江萍. 论动漫产业文化拓展的重要性 [J]. 科教导刊, 2013 (13).

[114] 曹玉娟. 西方创新理论的演进轨迹与主流趋势 [J]. 科技创新与生产力, 2013 (6).

[115] 邹志仁. 情报交流模式新探 [J]. 情报科学, 1994 (4).

[116] 庄子银, 邹薇. 制度、制度结构与经济绩效 [J]. 经济译文, 1995 (5).

[117] 王忠民, 高树枝. 制度和技术共同决定论 [J]. 人文杂志, 1997 (3).

[118] 吴思华. 知识世纪的产业创新: 议题与对策 [J]. 科技政策报导, 2000 (2).

[119] 赵英莉. 我国专利申请信息分析与预测研究 [J]. 情报科学, 2000 (11).

[120] 黄建军. 剖析 Simon 的有限理性理论 [J]. 理论月刊, 2001 (3).

[121] 张玉敏. 知识产权的概念和法律特征 [J]. 现代法学, 2001 (5).

[122] 吴汉东. 科技、经济、法律协调机制中的知识产权法 [J]. 法学研究, 2001 (6).

[123] 袁庆明. 技术创新与制度创新的关系理论评析 [J]. 中州学刊, 2002 (1).

[124] 张凤, 何传启. 创新的内涵、外延和经济学意义 [J]. 世界科技研究与发展, 2002 (3).

[125] 马费成, 龙鹭. 不完全信息与非对称信息 [J]. 情报理论与实践, 2003 (1).

[126] 孙丽, 梁战平. 论知识资本与知识型企业的界定 [J]. 情报杂志, 2003 (1).

[127] 何苏华. 组织结构扁平化与员工激励机制重建 [J]. 商业研究,

2003（2）.

[128] 薛卫平. 技术创新的影响因素 [J]. 统计与决策, 2003（7）.

[129] 马松尧. 科技中介在国家创新系统中的功能及其体系构建 [J]. 中国软科学, 2004（1）.

[130] 陈向东. 我国技术创新政策效用实证分析 [J]. 科学学研究, 2004（1）.

[131] 吴观乐. 试论外观设计专利保护的立足点 [J]. 知识产权, 2004（1）.

[132] 马费成, 裴雷. 信息资源共享及其效率分析 [J]. 情报科学, 2004（1）.

[133] 尹云松, 汤书昆. 企业知识创新的过程、特征及价值功能 [J]. 中国科技论坛, 2004（5）.

[134] 周莹, 刘华. 版权产业创新中的生产者角色、行动及激励机制 [J]. 出版发行研究. 2004（12）.

[135] 刘和东, 耿修林, 梁东黎. 技术创新的激励因子及其效应比较 [J]. 科学学研究, 2005（2）.

[136] 刘江花, 陈加洲. 个体激励与团队激励的选择决策模式 [J]. 管理现代化, 2005（3）.

[137] 王艾青. 技术创新、制度创新与产业创新的关系分析 [J]. 当代经济研究, 2005（8）.

[138] 刘华. 国际专利制度改革的实证分析及对我国的启示 [J]. 法律科学, 2006（1）.

[139] 王太平. 美国对创意的法律保护方法 [J]. 知识产权, 2006（2）.

[140] 刘华, 周莹. 我国知识产权文化建设的层次与目标 [J]. 知识产权, 2006（3）.

[141] 张荣, 陈大佑. 论我国国产动画产业链始端启动策略 [J]. 经济纵横, 2006（4）.

[142] 彭少健, 王天德. 动画原创与产业链开发 [J]. 中国广播电视学

刊，2006（6）．

[143] 马费成，王晓光．知识转移的社会网络模型研究［J］．江西社会科学，2006（7）．

[144] 刘华，周莹．我国社会公众知识产权意识现状调查分析及对策研究［J］．中国软科学，2006（10）．

[145] 吴汉东．中国应建立以知识产权为导向的公共政策体系［J］．中国发展观察，2007（5）．

[146] 徐佳宁，罗金增．现代科学交流体系的重组和功能实现［J］．图书情报工作，2007（11）．

[147] 陈又星．动漫产业链的发展模式［J］．经营与管理，2008（5）．

[148] 杜广中．世界动漫产业链模式对中国式动漫产业链构建的启发［J］．广东青年干部学院学报，2009（1）．

[149] 刘华．文化政策视阈下我国知识产权文化发展研究［J］．华中师范大学学报（社科版），2009（2）．

[150] 殷俊，杨金秀．论动漫产业六大基本特性［J］．现代传播，2009（2）．

[151] 周莹．创新政策的功能耦合——日本创新政策的演变及其启示［J］．中国科技论坛，2009（3）．

[152] 解学梅，曾赛星．基于分类回归的企业技术创新影响因素测评［J］．工业工程与管理，2009（6）．

[153] 余翔，周莹．日本创新政策演变的系统特征及其启示［J］．科技管理研究，2009（8）．

[154] 肖志远．解读专利制度的产业政策蕴含［J］．法学杂志，2009（11）．

[155] 周莹，邱洪华．日美汽车企业绿色技术专利比较研究及其启示［J］．情报杂志，2010（2）．

[156] 孔建华，杜蕊．我国的文化产业政策与动漫产业的兴起［J］．中国特色社会主义研究，2010（3）．

[157] 周莹,刘华.知识产权公共政策的协同运行模式研究[J].科学学研究,2010(3).

[158] 刘春田.知识产权制度是创造者获取经济独立的权利宪章[J].知识产权,2010(6).

[159] 吴汉东.国家软实力建设中的知识产权问题研究[J].知识产权,2011(1).

[160] 吴汉东.知识产权的多元属性及研究范式[J].中国社会科学,2011(5).

[161] 刘文超,辛欣,任俊生."共同创造"思想的兴起及其内涵浅析[J].税务与经济,2011(6).

[162] 何荣山,刘培森.包容性增长:构建和谐社会的路径选择[J].学术交流,2011(8).

[163] 刘华,周莹.我国技术转移政策体系及其协同运行机制研究[J].科研管理,2012(3).

[164] 路春城,黄志刚.我国动漫产业财税政策取向[J].税务研究,2012(4).

[165] 武文珍,陈启杰.价值共创理论形成路径探析与未来研究展望[J].外国经济与管理,2012(6).

附 录

消费者参与动漫项目开发的影响因素调查问卷

1. 您的性别（单选题 * 必答）
   ○ 男
   ○ 女

2. 您的年龄（单选题 * 必答）
   ○ 18 岁以下
   ○ 18~30 岁
   ○ 30~50 岁
   ○ 50 岁以上

3. 您的最高学历（单选题 * 必答）
   ○ 大专及以下
   ○ 本科
   ○ 硕士及以上

4. 哪些因素最能激励您参与动漫创作者与生产者的项目开发与改善活动（矩阵单选题 * 必答）

	非常正确	有些正确	不好说	有些不正确	非常不正确
金钱奖励	○	○	○	○	○
获得特殊的动漫纪念品	○	○	○	○	○
对该动漫作品本身很感兴趣	○	○	○	○	○

续表

	非常正确	有些正确	不好说	有些不正确	非常不正确
与喜欢的画师、声优、明星代言人等亲密接触的机会	○	○	○	○	○
获得参与活动的荣誉证书,动漫企业公开鸣谢,作品中署名	○	○	○	○	○
被广告宣传吸引	○	○	○	○	○
被好友推荐	○	○	○	○	○
参与活动能抵消学校实习学分	○	○	○	○	○

5. 还有哪些激励方式能够提高您参与动漫项目开发与改善活动的意愿和积极性呢？请畅所欲言。

后 记

　　文至"后记",方觉最难启笔,难在许多感想,无以言表。本书是我以博士阶段研究成果为基础,针对近些年的新情况、新发展、新认识、新数据而修改、完善后形成的。目前,对价值共创下动漫产业知识产权激励机制研究还有一些尚待完善的地方,在对该选题的研究中,科研的魅力以一种不可思议的方式展现在我面前,我沉浸于发现问题、研究问题、解决问题的循环往复中,这也使我了解到科研的吸引力在于它永远不会完全结束,而是以无数个"省略号"的形式存续下去,在对科学的无限追求中,随着研究的越发深入,我们对自身的理解也愈加明了。因此,对价值共创下动漫产业知识产权激励机制的研究还会继续下去,使之逐渐优化、完善。

　　本书的成稿过程中,最大的感触在于每当我遇到困难和疑惑,总有人对我或指点迷津,或默默支持与帮助,我今天的收获与有幸遇到的良师益友们的帮助是分不开的。本书的成稿要感谢一直以来关心和支持我的各位领导、专家、同事,正是他们的信任、支持和帮助让本书得以顺利出版:华中师范大学刘华教授、南京理工大学知识产权学院戚湧常务副院长、董新凯副院长、梅术文教授等提供了专业指导,华中师范大学周莹副教授、黄金池老师、华东交通大学张祥志副教授、南京理工大学知识产权学院曹佳音主任、顾金霞老师、朱力影老师等均给予大力支持。特别要感谢的是知识产权出版社刘睿主任、邓莹编辑,为本书能够及时面世付出了艰辛劳动。

　　本书相关不足和谬误还恳请同行专家不吝批评指正。

后　记

本书是江苏省社会科学基金项目"江苏动漫产业版权价值共创激励机制研究"（18GLD006）、中央高校基本科研业务费专项资金江苏省版权研究中心专项课题"江苏省版权战略研究"（30918014114）的阶段性研究成果，特别铭记说明。

张颖露

2019 年 11 月 11 日